市町村職員研修

いちからわかる！

地方公務員
仕事のきほん

改訂版

市町村職員研修教材開発委員会／編集

ぎょうせい

改訂版の刊行に寄せて

　本書は、市町村の新規採用職員の方に向けて、地方公務員として最低限知っておくべきことを1冊にまとめたテキストです。

　「本書の刊行に寄せて」で述べられているとおり、広く活用いただいた『ジャンプぶっく』の後継本として、内容を見直して令和2年9月に刊行されました。

　刊行から3年が経過しましたが、この間にも社会情勢や行政の現場は大きく変わりました。令和2年は新型コロナウイルスが猛威をふるっており、未曽有の事態への対応や仕事の仕方の見直しなどが始まったところでした。市町村は、この初めての、かつ、困難な新型コロナウイルス感染症対策を乗り切りました。また在宅勤務やインターネットを使った仕事や会議が広がり、働き方改革も進みました。

　また情報化の進展に対応した個人情報保護制度の改正なども行われました。

　今回の改訂にあたっては、それらの変化や制度改正をふまえ、引き続き研修等で活用できるよう改めて見直しを行っています。

　本書には、新規採用職員が仕事をする上で、つまずきやすい点や、指導する先輩が戸惑う点が丁寧に説明されています。地方自治体の管理職として毎年、多くの新規採用職員と接している、そして

近年の新人の特性を熟知している執筆陣だからこそ記せた書籍でしょう。

　本書に書かれている自治体職員としての心構えや接遇の心得、倫理観等は、自治体職員として働く上で必須の知識として求められるものばかりです。このため、研修テキストとしても活用できると考えます。

　旧版の構成を守りつつ、最新の内容となった本書は、各市町村、研修機関、またこれから自治体職員を目指そうという方にとっても、自学、研鑽するために最適な書です。本書を推薦します。

令和6年1月

市町村職員中央研修所（市町村アカデミー）

学長　岡本　全勝

本書の刊行に寄せて

　平成2年11月、市町村アカデミーの編集により、市町村の新規採用職員のための研修テキストとして『ジャンプぶっく』が刊行され、長らく多くの方々に活用されてきました。

　その後、機関委任事務の廃止、税源移譲など数次にわたる地方分権改革が進展するとともに、「平成の大合併」で市町村の数は半減するなど、市町村の在り方自体が変化しました。また、市町村を取り巻く環境も大きく変化しており、本格的な人口減少・少子高齢化に直面する一方、AIをはじめとする情報通信技術の進歩は著しく、また、アジア諸国の急速な経済成長を背景に地方が世界と直接結びつく機会も増大しています。

　活力ある地域社会を将来にわたって維持していくためには、こうした新しい時代の流れを力にしていくことが求められており、住民に一番近い自治体である市町村に期待される役割や果たすべき責任は益々大きくなっています。そして、このような状況の中で、市町村が有機的に機能していくためには、市町村職員の育成が以前にも増して重要になります。

　今般、かつて市町村アカデミーにおいて研修の企画や演習指導を担当していた指定都市・中核市から派遣された職員等の有志により、『ジャンプぶっく』の後継となる本書の刊行に至りました。執

筆陣は、市役所の第一線で管理職として活躍されており、また、機会があれば今なお、市町村アカデミーに研修講師として出講してくださる、人材育成に熱心な面々です。

　本書では、そんな彼らが、地元市役所の若手職員に対して日頃感じていることを念頭に、仕事の心構え・進め方や地方公務員制度・地方自治制度等の基礎知識について、職員として覚えてほしいと考えている視点でわかりやすく解説しています。

　本書の企画にあたっては、執筆者、編集者にかかわらず熱のこもった議論が交わされ、また、原稿については、お互いを尊重しつつも率直に意見をぶつけて記述内容をブラッシュアップしたと聞いています。本を執筆することに必ずしも慣れていないため、表現として稚拙な部分があるかもしれませんが、彼らの熱意は十二分に伝わってくる力作です。

　令和の時代にふさわしい研修テキストとして、各市町村、研修機関において是非とも御活用頂き、職員の方々の自己啓発、資質向上に役立てて頂けるよう、本書を推薦いたします。

令和2年7月

　　　　　　　　　　市町村職員中央研修所（市町村アカデミー）
　　　　　　　　　　　　学長　　髙部　　正男

本書の利用の仕方

1 対象者

　本書は、主に市町村の新規採用職員や採用予定者の方々に向けて作成したものです。4月1日に入庁した時点で知っておかなければならないことに焦点を当て、学生から社会人へ、特に公務員となるにあたってのガイダンスとなるようなものを目指しました。

　したがって、文書の記述等は市町村の立場を踏まえた内容となっていますが、都道府県の新規採用職員等の方々にも利用していただけるものとなっています。

2 本書の構成・内容

（1）本書の位置付け

　新規採用職員は、通例、各自治体において、入庁後に数日間程度の研修を受けます。これらの研修の内容は各自治体でアレンジされており、それぞれの組織や仕事の独自のルールを学ぶことになります。

　本書では、自治体ごとの初任研修をスムーズに受け入れるための下地作りや、背景となる制度の説明に力を入れています。

（2）本書の構成と各章のポイント

　全体の分量の関係から、皆さんが身に付ける必要最小限の知識をや

さしく学べるようになっています。取り上げる項目について、かなり取捨選択を行うとともに、平易な記述、簡略化した記述を心掛けました。また、原則として重複は避けるようにしましたが、大切な部分については、複数の個所で繰り返し触れるようにしています。

　各章のポイントは次のとおりです。

第1章　公務員・社会人としての心構え
社会人と学生との違い、公務員と民間企業の社員との違い、公務員1年目のあなたへのアドバイスなど、心構えを説明します。
第2章　接遇の心得
公務員としての接遇についての基本的な考え方やコミュニケーションの基本について、イラストや図表等を交えて説明します。
第3章　公務員倫理・公務員として守るべきこと
公務員として絶対に守らねばならないことを事例形式で学ぶとともに、「災害」や「人権」についての課題を説明します。
第4章　公務員の働き方
実際に仕事に取り組む上での行動の起こし方のほか、役所特有の文書事務やクレーム対応など、働く上での実践的な対処法について説明します。
第5章　押さえておくべき制度
Ⅰ　職員の身分に関する制度（地方公務員制度） 　公務員としての身分にかかる部分を中心として、地方公務員法で規定される地方公務員制度を説明します。 Ⅱ　地方自治に関する制度 　皆さんの職場である自治体の仕組みについて、地方自治法の関連部分を説明します。
第6章　知っておきたい知識
Ⅰ　地方税財政にかかわる知識 　地方財政、地方税、自治体の予算決算、財務規程、契約について、知っておいてほしい内容について説明します。 Ⅱ　「情報」の取扱いに関する制度 　役所が保有する情報の取扱いについて、情報公開と個人情報の保護という2つの制度から説明します。

（3）本書の読み方

　本書を読むにあたっては、最初から順番に読んでいただいても結構ですし、各章は独立していますから、章ごとに読んでいただいても結構です。

　また、第1章から第4章までが、公務員としての心構え、仕事の進め方といった働き方に関する部分です。これに対して、第5章と第6章は、制度や法律の紹介となっています。したがって、第1章から第4章までを通しで熟読していただき、第5章、第6章は興味がある部分、あるいは何か調べなければならない時に糸口として読んでいただくといったことも考えられます。

　ただし、「第3章　公務員倫理・公務員として守るべきこと」の法律的な裏付けが「第5章　Ⅰ　職員の身分に関する制度（地方公務員制度）」の説明になっていますので、この2つの部分についてはセットで読んでいただければ、理解がより深まると思います。

　なお、法律の条文については、本文に引用するのは最小限にとどめていますので、別途六法全書等を活用して参照してください。

目　次

第1章　公務員・社会人としての心構え

Ⅰ　公務員・社会人としての心構え ——————————— 2

1 あなたにとって「働くこと」とは ……………………………… 3

2 社会人と学生との違い ……………………………………………… 4
（1）責任 ……………………………………………………………… 4
（2）評価 ……………………………………………………………… 5
（3）人間関係 ………………………………………………………… 5

3 公務員と民間企業の社員との違い ……………………………… 6
（1）公益性 …………………………………………………………… 6
（2）公平・中立性 …………………………………………………… 6
（3）独占性 …………………………………………………………… 7
（4）権力性 …………………………………………………………… 8

Ⅱ　新規採用職員の心構え ——————————————— 9

1 新規採用職員が陥りやすい悩みと解決のためのヒント ……… 9
（1）自分が職場に受け入れられるか不安 ……………………… 9
（2）分からないことがあっても質問できない …………………10
（3）覚えることが多すぎて覚えられない ………………………12

2 公務員1年目のあなたへのアドバイス ………………………13
（1）公務員としてのスタートは研修と庶務業務から …………13
（2）あなたは市町村役場の代表だという自覚を持とう ………14
（3）自分から元気に挨拶しよう …………………………………16
（4）余裕をもって早めに出勤しよう ……………………………16
（5）ルールを守ろう ………………………………………………17
（6）先輩たちの文書を真似しよう ………………………………17
（7）しっかりと自己管理をしよう ………………………………18

（8）身だしなみに気を付けよう ……………………………………………… 18

（9）メモを取ろう ……………………………………………………… 19

（10）仕事の途中経過を報告しよう ……………………………………… 19

第2章　接遇の心得

Ⅰ　接遇の心得とコミュニケーションの基本 ─────────────── 22

■1 接遇＝"相手を尊重する心"はますます重要に ………………………… 23

（1）コミュニケーションと信頼の醸成 ……………………………… 23

（2）自治体業務の将来 ……………………………………………… 24

（3）公務にふさわしい接遇コミュニケーションを ………………… 24

■2 まずは準備を万全に～知識習得と環境整備～ ………………………… 26

（1）業務知識の準備～知識の習得と検索性の向上～ ……………… 26

（2）窓口環境の整備～工夫のしどころは現場にあり～ …………… 30

Ⅱ　応対の基本 ────────────────────────── 33

■1 応対の基本動作～気持ちは行動に表われる～ ………………………… 33

（1）心を込めた挨拶を ……………………………………………… 33

（2）応対に入るまでの行動ステップ ……………………………… 36

（3）気持ちの良い返事を ………………………………………… 36

（4）清潔感と信頼感を意識した身だしなみを ……………………… 37

（5）しぐさやお辞儀は非言語コミュニケーション …………………… 40

■2 電話の応対 …………………………………………………………… 45

（1）電話の受け方と取次ぎ ……………………………………… 46

（2）電話のかけ方 ……………………………………………… 49

■3 言葉遣いの知識 ……………………………………………………… 53

（1）敬語 ………………………………………………………… 53

（2）丁寧な言葉遣い …………………………………………… 56

■4 より良い接遇のために必要なスキル …………………………………… 59

（1）相手が何を望んでいるか、どのような気持ちかを理解できる ……… 60

（2）相手に合わせたスマートな配慮ができる ················· 61

（3）接遇の場づくりと「話す・聴く・書く」の意識を高める ············· 63

5 クレームに遭遇したら ················· 67

（1）クレーム応対の留意点 ················· 67

（2）クレームで落ち込まないために〜一息おいて、冷静に対応を〜 ······ 69

6 ビジネスメールの留意点 ················· 71

7 来客の応対 ················· 74

（1）来客のご案内 ················· 74

（2）席次のルール ················· 77

（3）名刺の取扱い ················· 79

8 まとめ〜あなた自身を磨くことが一番の近道〜 ················· 81

第3章　公務員倫理・公務員として守るべきこと

I　事例で学ぶ公務員倫理 ──────── 84

1 公務員が守るべきこととは ················· 85

2 業務や勤務時間中の行動に関して注意すべきこと ················· 87

（1）個人情報に関すること ················· 87

（2）業務上のミス ················· 92

（3）職務専念義務違反 ················· 93

3 勤務時間外であっても、守るべきこと ················· 95

4 犯罪行為 ················· 99

II　広義の公務員の責任 ──────── 104

1 災害と公務員 ················· 104

（1）平素行っておくこと ················· 104

（2）災害が発生したら ················· 106

　（3）出勤したら ……………………………………………… 107
　（4）長期化する災害対応と職員 ………………………… 107
　（5）他の地域で起きた大規模災害 ……………………… 108

2 人権感覚を磨こう ……………………………………… 110
　（1）人権と憲法 …………………………………………… 110
　（2）身の回りの人権課題 ………………………………… 111
　（3）公務員として意識すべきこと ……………………… 112
　（4）職場内でのハラスメント …………………………… 112

第4章　公務員の働き方

Ⅰ　仕事に臨む姿勢 ━━━━━━━━━━━━━━━━ 118

1 仕事の進め方 …………………………………………… 121
　（1）指示の受け方 ………………………………………… 121
　（2）仕事の手順 …………………………………………… 123
　（3）報連相 ………………………………………………… 125
　（4）仕事のマネジメント・サイクル（PDCAサイクル） ……… 128

2 文書事務 ………………………………………………… 132
　（1）文書取扱いの原則 …………………………………… 132
　（2）文書事務の流れ ……………………………………… 134
　（3）文書の作成（公用文作成の心構え） ……………… 143

Ⅱ　先輩からのワンポイントアドバイス ━━━━━━━ 145

1 資料の作成 ……………………………………………… 145
　（1）資料作成の前提 ……………………………………… 145
　（2）5W1Hを意識する ………………………………… 146
　（3）図表を活用する ……………………………………… 146
　（4）1枚ベスト（ワンベスト） ………………………… 147

2 悪質なクレームへの対応 ……………………………… 148
　（1）悪質なクレームの代表例 …………………………… 148
　（2）悪質なクレームへの対応の心得 …………………… 149

3 スケジュール管理のコツ ……………………………………………………151
　（1） 3往復のスケジューリング（企画立案のスケジューリング）………151
　（2） 1日の中でのスケジューリング ………………………………………152

第5章　押さえておくべき制度

I　職員の身分に関する制度（地方公務員制度） ─────── 156

1 地方公務員制度の基本理念 ………………………………………………156
　（1） 公務員は全体の奉仕者であること ……………………………………156
　（2） 公務員も勤労者であること ……………………………………………157
　（3） 公務に従事する機会は平等に公開されるべきであること …………158
　（4） 政治からの中立性を確保すること ……………………………………158
　（5） 公務能率の向上を図ること ……………………………………………159

2 職員の種類 …………………………………………………………………160
　（1） 地方公務員の範囲 ………………………………………………………160
　（2） 一般職と特別職 …………………………………………………………160
　（3） 常勤職と非常勤職 ………………………………………………………161
　（4） 非常勤職員に関する制度改正 …………………………………………161

3 人事機関 ……………………………………………………………………164
　（1） 人事機関の種類 …………………………………………………………164
　（2） 任命権者 …………………………………………………………………164
　（3） 人事委員会と公平委員会 ………………………………………………165

4 任用 …………………………………………………………………………168
　（1） 任用の意義と種類 ………………………………………………………168
　（2） 条件付採用 ………………………………………………………………168
　（3） 身分保障 …………………………………………………………………169
　（4） 成績主義（メリットシステム）………………………………………170
　（5） 人事評価制度 ……………………………………………………………171

5 職員の義務 …………………………………………………………………173
　（1） 職員の義務 ………………………………………………………………173

（2）公務能率と研修 ……………………………………………………176

6 分限と懲戒 ………………………………………………………………179
（1）分限とは ……………………………………………………………179
（2）分限処分の種類と事由 ……………………………………………179
（3）懲戒とは ……………………………………………………………180
（4）懲戒処分の種類（地方公務員法第29条第1項）…………………181
（5）懲戒処分の事由 ……………………………………………………181

7 勤務条件等 ………………………………………………………………183
（1）勤務条件 ……………………………………………………………183
（2）給与 …………………………………………………………………183
（3）勤務時間 ……………………………………………………………185
（4）職員の権利の制限 …………………………………………………187

Ⅱ 地方自治に関する制度 ———————————————— 189

1 地方自治の意義（地方自治の本旨）………………………………190
（1）住民自治 ……………………………………………………………190
（2）団体自治 ……………………………………………………………190

2 自治体の種類 ……………………………………………………………191
（1）普通地方公共団体と特別地方公共団体 …………………………191
（2）市町村と都道府県 …………………………………………………192

3 自治体の事務 ……………………………………………………………194
（1）自治事務と法定受託事務 …………………………………………194
（2）事務に関するその他の基本理念 …………………………………195

4 市町村・都道府県・国の関係 …………………………………………196
（1）市町村相互間の関係 ………………………………………………196
（2）市町村と都道府県との関係 ………………………………………196
（3）自治体と国との関係 ………………………………………………196
（4）国地方係争処理委員会と自治紛争処理委員 ……………………197

5 自治体の組織 ……………………………………………………………198
（1）議会 …………………………………………………………………198

（2）執行機関 ………………………………………………… 200

（3）長と議会との関係 ……………………………………… 201

6 住民 ……………………………………………………………… 203

（1）住民基本台帳 …………………………………………… 203

（2）住民の権利義務 ………………………………………… 204

7 自治体の立法 …………………………………………………… 205

（1）法令の種類 ……………………………………………… 205

（2）条例の種類と条例制定権の範囲 …………………………… 208

第6章　知っておきたい知識

Ⅰ　地方税財政にかかわる知識 ──────────────── 212

1 地方財政の仕組み ……………………………………………… 212

（1）国と地方の仕事の範囲 ………………………………… 212

（2）税財源の再配分 ………………………………………… 213

（3）地方財政計画 …………………………………………… 214

（4）地方交付税 ……………………………………………… 215

（5）地方債 …………………………………………………… 218

2 地方税 …………………………………………………………… 219

（1）租税法律主義 …………………………………………… 219

（2）地方税の仕組み ………………………………………… 219

（3）地方税の基本用語 ……………………………………… 219

（4）課税の原則と地方税の特徴 …………………………… 222

（5）地方税の体系 …………………………………………… 222

（6）主な地方税 ……………………………………………… 223

3 予算決算 ………………………………………………………… 225

（1）自治体の財務と法律 …………………………………… 225

（2）予算 ……………………………………………………… 225

（3）単一予算主義と会計の種類 …………………………… 225

（4）予算の原則 ……………………………………………… 226

（5）予算の種類 ……………………………………………… 228

（6）決算 ………………………………………………………………229

4 収入 ……………………………………………………………………230
（1）収入の種類 ……………………………………………………230
（2）収入の手続 ……………………………………………………230

5 支出 ……………………………………………………………………231
（1）自治体の支出 …………………………………………………231
（2）支出の手続 ……………………………………………………231
（3）支出の原則 ……………………………………………………233
（4）支出の例外 ……………………………………………………233

6 契約 ……………………………………………………………………235
（1）契約と議会 ……………………………………………………235
（2）契約の方法 ……………………………………………………236
（3）契約の手続 ……………………………………………………239
（4）複数年度にわたる契約（長期継続契約等）………………240

Ⅱ 「情報」の取扱いに関する制度 ——————————— 241

1 情報公開制度 …………………………………………………………241
（1）制度の沿革 ……………………………………………………241
（2）国の情報公開制度 ……………………………………………242
（3）自治体の条例による情報公開制度 …………………………244
（4）制度運用上の課題 ……………………………………………246

2 個人情報保護制度 ……………………………………………………248
（1）個人情報と個人情報保護制度 ………………………………248
（2）個人情報保護制度の概要 ……………………………………250

企画及び執筆関係者一覧 ………………………………………………257

第**1**章
公務員・社会人としての心構え

　この章は、新社会人として歩み始めたあなたに贈る「自治体職員」のガイダンスです。信頼される自治体職員となるために、社会人として、また、公務員として、仕事に臨む姿勢を最初にしっかり身に付けましょう。

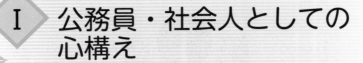 Ⅰ 公務員・社会人としての 心構え

　あなたはどのような心境で入庁日を迎えましたか。

　新社会人生活への期待に胸を膨らませ、希望に溢れている人もいるでしょう。新しい環境に自分の身を置くことに不安という人もいるかもしれません。

　かくいう私は後者でした。新社会人としてスタートする日はとても緊張しましたし、今でも知っている人が一人もいない組織に飛び込んでいく時は、不安でいっぱいになります。

　今まで学生だったあなたは、社会人になることへの不安があって当然です。今年度も全国で何十万人もの新社会人が、あなたと同じように、不安を抱えながら初日を迎えたことでしょう。

　しかし、あなたは公務員試験を突破してきた、選ばれた人材です。自信と誇りを持って臨んでください。

　実際に市町村役場で働いてみてからでないと理解できないことはありますし、実感が湧かないこともあるでしょう。しかし、これからの公務員生活を「こういうものか」とイメージをしておくと、不安は減り、緊張も和らぐでしょう。

　そこでこの章では、新年度から新社会人として市町村役場に入庁したあなたに、公務員として最低限知っておいて欲しいことや、知っていると役に立つこと等について、お話ししていくことにしましょう。

1 あなたにとって「働くこと」とは

　あなたにとって「働くこと」とは何ですか。

　「生活費を稼ぐため」ですか。「自己実現のため」ですか。それとも「社会貢献したいから」ですか。

　人によって、「働くこと」の意義は違うと思います。ですが、今この本を手に取っているあなたは、様々な仕事の中から自分の職業として公務員を選んだ人がほとんどだと思います。

　では、重ねて伺います。

　あなたはなぜ公務員になろうと思ったのですか。

　「公務員は身分が安定している」と言われているからですか。「生まれ育った故郷に恩返しがしたい」からですか。「具体的に福祉や環境等の行政分野の仕事に携わりたいから」という理由の人もいるかもしれません。

　「公務員の仕事は楽そうだから」と思っている人は、その考えを改めた方が良いでしょう。すぐに「こんなはずではなかった」と思い知らされることになることは間違いありません。

　あなたにとって働くこととは何か。なぜ公務員になろうと思ったのか。

　もしかしたら将来、「自分は公務員に向いていないかも」と思う日が来るかもしれません。そのときに今の気持ちを思い出せるように、もう一度あなた自身に問い直してみてください。

働く
公務員
仕事

2 社会人と学生との違い

　さて、あなたは社会人と学生の違いをどのように捉えていますか。

　学生は対価を払って学んでいるのに対して、社会人は報酬を貰い、その対価として成果が求められます。

　また、社会人には一定のルール・規則に沿った行動が学生以上に求められることも大きな違いです。

　これは、法令遵守や反社会的行為をしないことだけに留まりません。例えば、時間厳守や期限厳守は社会人として当然のことです。仕事中の私用電話やスマートフォンの使用を慎むなど、公私のけじめもしっかりつけなければなりません。

　交通事故や交通違反についても同様です。特に公務員に対する住民の目は厳しいものがあります。公務員として襟を正し、交通事故や交通違反によって、住民の信頼を失うことのないようにしなければなりません。もちろん飲酒運転は絶対にしてはいけません。

　このように社会人と学生の違いを細かく挙げればキリがありませんが、この節では「責任」「評価」「人間関係」の3つの視点から、その違いについて考えていくことにしましょう。

（1）責任

　社会人と学生とでは、責任の大きさも取り方も違います。

　学生時代は、原則自己責任でした。しかし、社会人は組織で仕事をします。学生時代はあなた自身の課題や問題に取り組んでいれば良かったので、問題が生じても自分で責任を取ることができました。もしかしたら、親に責任を取ってもらった苦い経験がある方も

いるかもしれません。

　対して仕事は、完全に自分一人だけで完結するということはありません。必ず他の人がかかわっています。社会人は組織で仕事をしているので、あなた個人で全ての失敗をリカバーすることはできないのです。

　つまり、学生より社会人の方が、それだけ責任が重いということです。

（2）評価

　学生時代のあなたに対する評価は学校の成績でした。しかし、社会人は企画力や実行力、折衝力等が重要な評価対象になります。

　また、学生時代は、すべき課題は与えられ、どのように取り組めば良いのか教えてもらうことができました。しかし、社会人には、細かな指示が与えられていなくても、何をすべきかを自分で見つけ、解決していくことが求められます。

　日頃から社会情勢等に関心を持ち、地域や住民に関する情報を敏感にキャッチすることも必要です。

（3）人間関係

　学生時代のお付き合いは、同世代の人が中心でした。ですが、社会人は幅広い年齢層の人とお付き合いをしなければなりません。

　また、学生時代は嫌いな人や苦手な人との付き合いを避けることができました。しかし、社会人になると学生時代とは異なり様々な人と出会います。自分の好き嫌いや、得手不得手にかかわらずコミュニケーションを取らざるを得ない場面が多くあります。

3 公務員と民間企業の社員との違い

　公務員には民間企業の社員以上に多くの制約や守らなければならないルールがあります。このことは職場だけに限らず私生活にも及びます。

　では、なぜ公務員には、このような制約やルールが課せられるのでしょうか。

　本節では、「公益性」「公平・中立性」「独占性」「権力性」の4つの視点から、この問いに関する答えを考えていくことにしましょう。

（1）公益性

　前節では、社会人は報酬を貰いその対価として成果が求められると述べました。民間企業の社員は、原則自社や株主の利益のために働き、その利益によって報酬を得ます。

　しかし、公務員であるあなたは、特定の人や団体の利益のためではなく、「全体の奉仕者」として、社会的に必要性が高い事業、すなわち「公共の利益」のために働いています。そしてその報酬は、住民の負担（税金）によって賄われます。

　ですから、公務員には高い倫理観が求められ、住民に対して説明責任が生じるのです。

（2）公平・中立性

　公務員は「全体の奉仕者」ですから、全ての住民に対して公平かつ中立な立場で判断・行動することが求められます。公務員は法令

に従って公務を遂行しますので、特定の人だけを優遇することは許されません。

　また、公務員には「政治的な中立」が求められています。これは、公務員が特定の政党の利益に偏ることがないようにするための規定ですが、あなた自身を政治的な影響から守ってくれることにもつながっています。

　　➡詳しくは、第5章Ⅰ1　地方公務員制度の基本理念（156頁）で述べます。

（3）独占性

　市町村役場には、民間企業とは異なり競争相手がいません。民間企業のサービスであれば、気に入らなければ別の民間企業のサービスを選択することができますが、住民はサービスが気に入らないからといって別の市町村役場のサービスを選択することはできません。

　民間企業は常に他社との競争にさらされていますので、相対的に自治体よりコストやサービスに対する意識は高くなります。よって、競争のない市町村役場は、サービスや工夫に欠けるという指摘を受けることがないように気を付けなければなりません。

（4）権力性

　公務員は、法令に基づいて公務を遂行しますので、時には禁止、規制、命令、罰則等、強制力をもって住民に対することがあります。

Ⅱ　新規採用職員の心構え

1　新規採用職員が陥りやすい悩みと解決のためのヒント

　あなたの周りの上司や先輩たちも、新人のときは皆同じ疑問や壁にぶつかり、同じ失敗を経験しています。

　つまり、あなたがこれから歩んでいく道は、上司や先輩たちがかつて通った道でもあるのです。

　そこでこの節では、新規採用職員の皆さんが陥りやすい代表的な悩みと解決のためのヒントを紹介します。

（1）自分が職場に受け入れられるか不安

　一般的には、職場の先輩たちはあなたのことを歓迎していると思って良いでしょう。安心してください。

　なぜなら、入庁間もない新人にインタビューをすると「明るく声を掛けてもらった」「質問したら丁寧に教えてくれた」と答える人が多いからです。

　職場の先輩たちは、初々しい新人が配属されてくること、自分の仲間が増えることを喜んで待っているものです。

　確かに中には口が悪い人や、教え方が雑な人もいるでしょう。だからといって、「自分はこの職場に受け入れてもらえないのでは」と悲観してはいけません。また、年度始めは間違いなくあなたより先輩たちの方が忙しいはずです。教えてくれるのが当たり前という

9

態度では指導してくれる人はいなくなります。先輩たちの貴重な時間を割いてもらっているのだという謙虚な気持ちで受け止めましょう。

　先輩たちからは、「新人はまず電話を取って欲しい」という声をよく聞きます。とにかく、入庁したばかりの頃は、部署の中で一番手が空いているのはあなたです。まずは積極的に電話に出ましょう。電話に出ることは、仕事を覚える近道です。

　当然、電話ではあなたが知らないことばかりを聞かれるので不安だと思いますが、裏を返せば先輩に質問する機会が増え、自分を覚えてもらえるチャンスでもあります。臆せず質問しましょう。

　質問するという行為は、コミュニケーションの一種です。徐々に職場の一員だという実感を持てるようになるでしょう。

（2）分からないことがあっても質問できない

・みんな忙しそうにしているので声をかけられない。
・一度聞いたことがあるような気がして再び聞けない。
・分からないと言うことが恥ずかしくて、つい知ったかぶりで話を合わせてしまった。

　このような声をよく聞きますが、一人で悩まないことが大切です。

　先輩たちは、どんなことでも分からないことや疑問に思ったことは質問して欲しいと思っています。なぜなら、質問せずに分からないまま仕事を進められた結果、大きな問題に発展することがあるか

らです。何も聞かないでいると、先輩はあなたが理解している（又はすでに他の先輩たちから聞いて知っている）と勘違いして教えてくれません。そもそも先輩たちは、自分が新人のときに何が分からなかったのかを忘れてしまっています。教えてくれるのを待っていてはいけません。新人は、上司や先輩たちに質問することに遠慮はいらないのです。

また、学生時代に勉強して知っていると思っている事柄でも、初めのうちは改めて確認するという姿勢が必要です。例えば、学問としての法律の知識と現場での法律の運用は異なる場合があるからです。

大事なことは、分かっているつもりで自分勝手に仕事を進めないことです。できる新人と思ってもらおうと気負う必要は全くありません。

ただし、質問するタイミングには注意が必要です。はじめに、「教えてください」と切り出すと先輩も質問を受ける心構えができます。

また、あなたが住民とのやり取りをしている途中で上司や先輩に質問する場合は、今窓口でお客様を待たせているのか、電話中なのか、それ以外なのかを、まず伝えてから質問するようにしましょう。

なお、何度も同じことを聞かないようにするためには、メモを確認する等して、分かっていることは何で、分からないことは何かを整理してから質問すると良いでしょう。

➡詳しくは、第4章Ⅰ　仕事に臨む姿勢（118頁）で述べます。

（3）覚えることが多すぎて覚えられない

・誰が何を担当しているのか分からないので、電話が転送できない。
・専門用語や馴染みのない語句が多く、覚えられない。

　資料を調べたり先輩たちに聞いたりしながら、焦らずにこつこつと覚えていきましょう。

　新人は、とかく全てのことを一度に覚えようとしがちです。初めから職場の戦力になろうと背伸びをする必要はありません。初めから戦力になろうとしても土台無理な話です。今は頼もしく見える先輩たちも、新人のときは戦力になりませんでした。ですから、先輩たちもあなたを即戦力として期待はしていません。スピードも大事ですが、一歩一歩着実に進みましょう。

　なお、積極的に現場に出ることも仕事を覚えるコツです。実際に自分の目で見る、住民と会話することは、記憶の助けになります。

2 公務員1年目のあなたへのアドバイス

　公務員1年目のあなたに、公務員の先輩から次の10項目のアドバイスを贈ります。

　この10項目は、あなたにとって「すでに知っている」ことかもしれませんが、先輩たちから「こんなことから教えなくてはいけないの？」と言われていることでもあります。

　この後の章にも詳細な記述があるので、あなたが気になる箇所から読み進めてください。

（1）公務員としてのスタートは研修と庶務業務から

　市町村役場に登庁し辞令を受けると、まず新規採用職員を対象とした研修が待っています。市町村役場によって期間は異なりますが、初めの一週間を研修期間として設定しているところが多いようです。

　新規採用職員研修が終わると、いよいよ所属する職場での勤務がスタートします。

　あなたが最初に任される仕事は、恐らく資料整理や電話対応といった仕事です。4月は年度の切り替えで、他部署から人事異動で着任した人もいるので、どの部署も忙しい時期です。ですからあなたは、周りの先輩たちは忙しそうにしているのに、自分は何の役にも立っていないと感じてしまうかもしれません。

　ですが、あなたはまだ実務を知らない初心者です。資料整理や電話対応こそが自分の仕事だと受け止めて、自ら進んで取り組む姿勢が大切です。分からないながらも、一所懸命に仕事に取り組んでい

る姿を、先輩たちは微笑ましく見ています。確実な仕事ぶりや、小さな仕事でも工夫や改善をすることができれば、あなたへの良い評価につながるでしょう。

　慣れるまでは大変ですが、分からないなりに数多く経験した人が結果的に一番仕事を覚えます。

　➡詳しくは、第4章　公務員の働き方（117頁）で述べます。

（2）あなたは市町村役場の代表だという自覚を持とう

　あなた一人の行動や態度が、あなたが属する市町村役場に留まらず、時には公務員全体を代表してしまうことを肝に銘じておきましょう。

　多くの住民はあなたという個人ではなく、市町村役場の職員、又は公務員としてあなたを見ています。法令遵守はもちろんのこと、道徳や社会常識から逸脱する行動をとれば、市町村役場のみならず公務員全員の信用を損なうことにもつながってしまいます。

　Ⅱ1（1）で、職場では新しく配属されてくるあなたのことを基本的には歓迎していると述べましたが、これは住民も同じです。あなたのことを、住民は興味津々で観察しています。業務上のことで直ちにあなた一人で住民と折衝することはないでしょうが、見られていることは意識しておきましょう。そして、住民が入庁したばかりのあなたに丁寧な対応をしてくれたとしたら、それはあなた個人に対してではなく、市町村役場という組織に対してであることを忘れずに、謙虚な姿勢で臨みましょう。

　極端な言い方をすれば、住民はあなたが何の業務を担当しているかには関心がありません。ですから、仮に自分の担当以外のことを

聞かれた場合、「それは私の担当ではありません」と拒否してはいけません。

　あなたからすれば、担当外のことを聞かれても分からないのだから、そのことを率直に住民に返答をしたと思うでしょう。しかし、住民にとっては、あなたが市町村職員であることに変わりなく、縦割り組織のことは知ったことではないのです。逆に、地域全体の課題を全く把握しないまま自分の業務のことだけを話すような職員は信用できないと受け止められかねません。

　このような言い方をすると、あなたは住民と接することを避けたくなるかもしれません。しかし、積極的に地域に出向き、住民と会話すべきことは言うまでもありません。

　さらに付け加えると、行政はサービス業であり、住民はお客様なのだという考えは一つの側面として正しいのですが、一方で、住民は「地域づくりのパートナー」であるといった視点も重要です。

　とは言え、住民とパートナーシップを結ぶためには、住民からの信頼は不可欠です。

　公務員は、住民の信頼を得ることが何より大切です。そしてこの信頼を獲得するために必要なことが責任を果たすということです。住民の信頼がなければ、どんなに正しい政策を打ち出したとしても受け入れてもらえないからです。

➡詳しくは、第2章Ⅰ1（1）コミュニケーションと信頼の醸成（23頁）で述べます。

（3）自分から元気に挨拶しよう

　誰に対しても自分から進んで挨拶をしましょう。私は、入庁してからすぐに職場の上司から、「庁舎の中には、お客様と先輩しかいないのだから、会う人全ての皆さんに挨拶しなさい」と指導されました。挨拶だけは職場内で一番になろうという心構えで、明るく元気に挨拶しましょう。また、呼ばれたときには元気の良い返事をしましょう。

　➡詳しくは、第２章Ⅱ１（１）心を込めた挨拶を（33頁）で述べます。

（4）余裕をもって早めに出勤しよう

　例えば、始業時間が８時30分の場合、住民窓口も同じ８時30分に開けます。ですから、先輩たちも８時30分から住民対応できるように８時30分より前から準備を整えているはずです。

　まずは、先輩たちの行動を観察し、どのような準備を行っているのかを学び、実践につなげましょう。

　また、勤務時間中は自分の所在を常に明らかにしておきましょう。離席をする時や帰庁する時は近くの人に伝えるようにしましょう。

（5）ルールを守ろう

　職場には、特に明文化されていないルールがたくさんあって戸惑うこともあるかもしれません。いわゆる暗黙のルールというものです。これは組織の文化かもしれません。なかには悪しき慣習と呼ばれるものが存在することも事実ですが、職場では当たり前とされていることが、あなたの感覚と異なる場合があるので注意しましょう。

　また、公務員には「守秘義務」が課されています。公務員は業務上個人のプライバシーに関する情報を多く扱います。同僚同士の飲み会の席上でも、職務上知り得た情報を言わないよう注意しましょう。

　個人情報が含まれているような書類等は、手続きをして許可を得ている場合を除き外出先に持ち出してはいけません。

　➡詳しくは、第3章　公務員倫理・公務員として守るべきこと（83頁）で述べます。

（6）先輩たちの文書を真似しよう

　起案文書や住民への通知文、依頼文等、市町村役場には多種多様な文書が存在します。そのほとんどが定型文で、前年度と日付だけが異なるといった文書があるのも事実です。新人であっても、先輩たちが作成した起案文書の決裁をすることがあります。内容を理解することはもちろんですが、中には文章表現が巧みで今後自分が文書作成する時に参考になるものもあるでしょう。

　私は、フレーズ集として、良いと思った文章表現を書き写し整理しています。自分が起案する時に活用しています。

（7）しっかりと自己管理をしよう

　規則正しい生活のリズムを保つことは、仕事をしていく上でとても大切なことです。健康な身体と心が整っていなければ良い仕事はできません。計画的に年次休暇を取得して、リフレッシュしましょう。計画的に休暇を取ることは、業務効率の向上にもつながります。

　また、病気や事故等でない限り、事前に休暇届を出して、直属の上司や周囲の先輩に伝えてから休暇を取るようにしましょう。やむを得ず、当日急に休むことになった場合も、原則は本人が直属の上司に連絡するようにしましょう。あらかじめ職場での取り決めがない限り、同僚にSNS等で連絡するだけで当日急に休むことは控えた方が良いでしょう。無断欠勤は論外です。

（8）身だしなみに気を付けよう

　社会人になると学生時代とは異なり様々な人と出会います。周囲からも不快に思われないよう、身だしなみに気を付けましょう。自分の装いは、相手への敬意や気遣いです。

　身だしなみとおしゃれは違います。身だしなみは相手のために身なりを整えることであり、不特定多数を相手に不快感を与えないための最低限のマナーです。清潔感があること、住民に不快感を与えないこと、動きやすいことが必要です。

　自分の個性を出したいという考えも否定しませんが、社会人として相手に合わせるということは良い人間関係を築くための基本ということも認識しておきましょう。

➡詳しくは、第2章Ⅱ1（4）清潔感と信頼感を意識した身だしなみを（37頁）で述べます。

（9）　メモを取ろう

　覚えることが多いので必要に迫られてのことでしょうが、多くの先輩たちが、新人のときは常にメモを取ることを心掛けたと言っています。接客時はもちろん、先輩に質問する時や上司の指示を受ける時も必ず筆記用具とメモを用意しておきましょう。

　また、取ったメモは見返して整理しておきましょう。一日の流れが把握できたり、明日やるべきことが見えたりします。

　メモを活用して自分なりのToDoリストを作り、仕事の優先順位づけをしたり、処理漏れのチェックをしたりすることもお勧めします。

➡詳しくは、第４章Ⅰ　仕事に臨む姿勢（118頁）で述べます。

（10）　仕事の途中経過を報告しよう

　私にはかつて、せっかく作成した資料が全てやり直しになってしまったという苦い経験があります。残念ながら指示を出した上司が、必ずしも明確な資料の完成イメージを持っているわけではあり

ません。自分なりのアウトラインを作成してから、早い段階で一度、上司と完成イメージの共有を図っておくほうが良いでしょう。

　手戻りが少ないのであなたの作業時間も短縮できますし、上司も途中経過を確認できるので安心します。

　思い込みで仕事をしていると時間が掛かった割に出来が悪いといったことになりかねません。仕事の進め方や進捗状況、問題点等について、報告・連絡・相談を実践しましょう。

➡詳しくは、第４章Ⅰ１（３）報連相（125頁）で述べます。

········ 第2章 ········
接遇の心得

「接遇」…聞き慣れない言葉かもしれません。これは「単なる接客ではなく、相手のことを思いやって応対すること」を意味しています。新規採用職員は、窓口業務など住民と接点のある仕事を担当することが多いものです。職員に必須の接遇がスムーズにできるよう備えておきましょう。

I　接遇の心得とコミュニケーションの基本

　私たちは、良好なコミュニケーションによって毎日を気持ちよく過ごすことができています。例えば、昨日の出来事を細かく振り返ってみると、一つひとつのコミュニケーションが、その時々の自分の気持ちに少なからず影響を与えていたことが分かります。そして、心地よく感じたコミュニケーションには思いやりがあり、どことなく気に障ったものはこちらの意が汲み取られていなかった、ということにも気が付くでしょう。

　「接遇」とは、相手に対する尊重の気持ちや配慮を、行動（態度・言葉遣い・表情を含む）を通じて表現する、いわば「思いやりのコミュニケーション」です。相手への思いやりを行動に表わすためには、その場の状況や相手の希望・心境などを察知した上で、それらに適した応対のあり方を考えることが必要になります。

　また、人と人とがかかわり合う場面は、仕事でも、プライベートでも、「信頼につながる接遇の機会」であり、とても大切なものです。接遇という、相手への配慮を重視したコミュニケーションによって良好な関係が築かれ、それがさらに積み重ねられることで信頼が醸成されていきます。

1 接遇＝"相手を尊重する心"はますます重要に

（1）コミュニケーションと信頼の醸成

　自治体職員として仕事をする中では、同じ職場の先輩や上司はもちろんのこと、他部署の職員や国・都道府県の職員、企業や住民の方々など、多くの人とかかわり合い、連携・協働していくことになります。業務を円滑に行い、仕事の成果を挙げていく上で、関係者との良好なコミュニケーションは大変重要です。

　コミュニケーションは、キャッチボールに似ています。キャッチボールは、投げ手から受け手へと"ボール"が渡って成立するものです。初めはぎこちなくても、「投げる・受け取る」を繰り返していくと、どこに、どのくらいのスピードで投げれば相手が受け取りやすいか、相手からどんなボールが来そうかなど、お互いの傾向がわかってきます。上手に、長く続けるためには、相手が受け取りやすいようにボールを投げることと、相手から投げられたボールのコースやスピードを見極め、受け取る体制を整えることがポイントです。相手の状態を察しなければ、キャッチしやすいボールは投げられませんし、自分の苦手な球種や守備範囲を相手へ知らせれば、受け取りやすいように投げてもらうことができます。

　キャッチボールでは、リズミカルにボールのやり取りができるようになると心地よいものですし、楽しい気持ちをお互いに共有できます。同様に、接遇においても、ボールのように「話す」「聴く」のやり取りをするうちに"相手に配慮した接遇コミュニケーション"が継続できるようになると、意思の疎通が円滑になって相互理解が深まり、やがては信頼関係が築かれていくのです。

（2）自治体業務の将来

　近年、ＡＩ（Artificial Intelligence）やＲＰＡ（Robotic Process Automation）、ＩｏＴ（Internet of Things）の技術がさらに進歩することによって、現在の社会に存在している仕事の大半がやがて不要になるとも言われています。また、自治体業務においては、すでに外部委託も進められてきているところです。

　では、今後、自治体の仕事はどうなっていくのでしょうか。

　自治体は、住民生活を支え、地域を住みやすくするための様々な業務を担っています。また、その中には、類型化が難しい事案や個別の対応が必要なケースが多く含まれていますので、無人化された機械による処理だけでできる仕事には限りがあります。他方、自治体財政は厳しい状況ですから、費用対効果の観点により技術導入や外部委託が適さない業務もあるでしょう。そして、ＡＩ等の技術も外部委託も、それによる十分な対応が困難であれば、できない部分をカバーするために職員が携わらなければなりません。また、人と人とが接する仕事の総数が減ったとしても、複雑なものが残され、さらにきめ細やかな対応が必要になることが予想できます。

　このように考えてみると、将来も自治体の仕事がなくなることはありませんし、むしろ、職員が行う仕事は高度になり、相手に応じた接遇の重要性はますます高まっていくことでしょう。

（3）公務にふさわしい接遇コミュニケーションを

　コミュニケーションが重要であることは、自治体でも企業でも変わりはありません。しかし、仕事の性質や社会的に求められる役割等が異なれば、それぞれでの望ましい応対のあり方も違ってきます。

　公務における接遇では、特に、キャッチボールでいう"ボールの受け取りやすさ"に留意することが大切です。例えば、住民とのコミュニケーションでは、前提として、相手の気持ちの中に「公務に対する期待」があること、つまり、自治体や職員には、「誠実であること」「公平・公正であること」「秘密を守ること」「誤りがないこと」などが求められていると認識しておかなければなりません。相手の期待に沿って投げたボールは、受け取りやすくなるはずですし、同時に、住民の方々に施策の方針や事業経緯、財政状況を説明するなど、こちらの投球の特徴や守備範囲を理解いただくよう努めることも必要になります。

　住民との信頼関係、職員同士の信頼関係…相手を問わず、自治体職員にとって、「信頼」はとても重要なものです。相手にボールをしっかりと受け取ってもらうためにはどうすればよいかを考えることは、キャッチボールの成功＝信頼の醸成につながります。

　接遇コミュニケーションは、その場限りのものではなく、「信頼を築く機会」です。あなたの自治体における内外からの信頼は、先輩職員の方々が、長年にわたり様々な期待に応え、連綿と努力を続けたことによる成果と言えます。この信頼を維持継続するとともに、あなたが行う仕事をより良いものとするために、接遇スキルを向上させ、良好なコミュニケーション（＝接遇）で最高の表現ができるようになりましょう。

2 まずは準備を万全に
～知識習得と環境整備～

　接遇は、相手を尊重する気持ちや配慮を行動で表わすものですから、形式的に丁寧な応対をするだけでは不足しています。相手の様子を観察して、その立場や気持ちを察知し、TPO（時、場所、場合）や相手の意図も勘案した上で、適切で誠意ある行動をとらなければなりません。

　そのためには、接遇の心得や基本動作を習得するとともに、日頃から、業務知識の習得や窓口環境の整備に努めることが必要です。自分自身でしっかり準備を整えるのはもちろん、さらに、職場の同僚と一緒に取り組み、それぞれの知恵と工夫を持ち寄って考えれば、見落としがちな問題を拾い上げることもできます。共に考えるプロセスを通じて、困難案件の検討や即時対応に向けた連携強化も図られ、実際の場面で"チームのチカラ"を発揮することができることでしょう。

（1）業務知識の準備～知識の習得と検索性の向上～

　自治体の仕事の現状を見ると、住民生活やニーズの多様化などの社会変化に伴い、取り扱う業務の種類が増え、イレギュラーな事案への対応も多くなる傾向にあります。

　これに対応するためには、担当業務に関する知識や必要な技能をしっかり習得するしかありません。それぞれの施策や業務について、その目的や対象、背景などの全体像を把握することも不可欠です。

　しかし、それら業務に関する知識の全てを正確に記憶することは

困難ですから、あらかじめ資料を用意したり、関係課の所掌事務や連絡先をリストアップしたり等“分からない時に調べる方法”を準備しておくことが必須です。迅速に、正確に回答できるよう、業務マニュアルや事務フローなどは自分が説明しやすいよう注釈を付け、実施上の留意点等の関連資料を揃えておきましょう。それぞれの資料は、項目ごとにインデックスを貼る、目次を付けるなどして整えておくと、慌てていても検索しやすくなります。

　なお、自治体の仕事の大半は、法や条例、要綱などの規定に沿って行われるものです。たとえ、相手から「急いでいるので何とかしてほしい」と言われても、本人確認書類（運転免許証、マイナンバーカード等）がなければ住民票の写しも税の証明書も交付できません。訪れた方に対して、どのように説明すれば納得いただけるかを、あらかじめ考えておくこともトラブル対策になります。

☑知識の準備

施策や業務の目的を理解し、根拠法令に目を通していますか。	
事務フロー、留意点は把握できていますか。	
施策の内容や専門用語、略語を習得していますか。それを分かりやすく説明できますか。	
所属部署で取り扱っている仕事の全体像を把握できていますか。それぞれの仕事の担当者リストはありますか。	
業務で使用する言葉のうち、よく似ていても異なる意味を持つものの区別、使い方の違いを知っていますか。	
地名や地域の歴史などの知識を身に付けていますか。	

☑ 机周りの準備

ガイドとなる手引書や説明・確認に必要な資料は、すぐ取り出せるところに用意してありますか。	
取扱件数の多い事案とその特徴、対応方法を知っていますか。	
よくある質問とその答えはリスト化されていますか。そのリストは最新の内容に更新されていますか。	
行政区域の地図はありますか。鉄道、主要道路、公共施設の場所はすぐ分かりますか。	

☑ トラブル対策

ミスや誤りが発生しやすい事項は何か知っていますか。ミスの予防策や発生した際の対処法を分かっていますか。	
業務を進める上での注意すべき点や困難が予想される部分を知っていますか。その対処法が分かりますか。	
イレギュラーな対応が必要な事案を知っていますか。対応手順の資料はありますか。	
担当外のことを尋ねられたときに備えて、各部署の所掌事務の概略と電話番号が分かるようになっていますか。	

職場での「言葉の戸惑い」あれこれ

　行政の現場では、日常では聞き慣れない言葉や、独特の専門用語、略語を使用していることがあります。職場で使われている言葉も業務知識の一つです。

　知らないまま、あいまいなままでは、仕事を進めていく上で、意味の取り違えによる誤った対応が発生しやすくなり、大きなミスにつながりかねません。分からない言葉を耳にしたら、その意味や表記を必ず確認しましょう。

○先輩から「レイキシュウで確認してね」と言われましたが、「霊気」、「奇襲」、「勝海舟」という字が頭の中をグルグルしてしまい、正しい表記が分かりませんでした。（レイキシュウ：例規集）

○係長から「これ、キョウランして」と指示があったのですが、「狂乱して」とはどういうことだろうかと焦りました。（キョウラン：供覧）

○申請受付の際、住所を伺ったのですが、なかなか聞き取れませんでした。相手の方に「地元の地名が分からないのか。職員として基本的なことだろう」ときつく言われてしまいました。

（2）窓口環境の整備～工夫のしどころは現場にあり～

　来客が訪れる窓口カウンターは、接遇のステージと言えます。少しでもスムーズに事務を進められるよう、手順や配置の改善を行い、所掌事務の明示、説明の際に提示する資料の用意等、できる限りの工夫をして窓口環境を整備しておくことが大切です。

　また、窓口カウンターに備えてある記載例や掲示物も、接遇の一環です。案内や説明を補うためのものですから、来訪者の眼から見て分かりやすいか、破れていないか、内容が古くなっていないかなど、定期的に点検しましょう。新たに着任した皆さんの方が、見慣れてしまっている先輩方よりも、多くのことに気付けるかと思います。記載例や掲示物が、誤解を招くことのない適切な表現のものになるよう、"新人の眼"を役立ててください。

☑ 窓口カウンターの掲示物は分かりやすいか

掲示物は、目に留まりやすい場所へ掲出していますか。	
掲示物、案内看板、書類の記載例は、伝えたいことについて、分かりやすく表現されていますか。	
書類の記載例は、間違えやすい箇所を明示し、記入しやすく説明していますか。	

☑ 窓口カウンターは使いやすいか

用紙やボールペン等の必要な物品、パンフレット類は、手に取りやすい場所に、見つけやすいように用意されていますか。	
期日の過ぎたポスターやパンフレットが置かれていませんか。それぞれの提出期限をリスト化して把握できていますか。	
カウンターの上に、不要なものや住民の目に触れてはならないものが置かれていませんか。	

☑ 来訪者の気持ちに沿った工夫をしているか

お待ちいただいている人数や所要時間の目安を表示していますか。	
説明に使用する資料は、イラストや図を入れるなど、視覚的に分かりやすいものになっていますか。	

例えば、こんな工夫をしています

○手順の誤りを防ぐため、カウンターの下に事務フローを貼り付け、忙しいときもそれを見ながら事務処理をチェックしています。新人だけではなく職員皆が、これを見て漏れ・抜けなく確認することを習慣化し、ミスが減りました。

○未処理と処理済みの書類が混在しないように、色違いのファイルに入れ、一目で分かるように区別しています。

○お渡しミスがないよう、二人一組になって、発行した証明書と申請書の住所・氏名・生年月日を読み合わせて照合することをルール化しています。

○年金事務所など、よく尋ねられる場所については、あらかじめ案内図を作成しておき、すぐにお渡しできるようにしています。

○申請書の中に、記載漏れが多く発生する項目があったので、記載例で目立つように表示して注意を促しました。

○押印が必要な手続を扱っているので、朱肉、捺印マットだけでなく、印鑑を拭くためのティッシュペーパーとごみ入れも用意しています。

○高齢の方が多くおいでになるのですが、立てかけた杖が何度も倒れて話に集中できないことがよくありました。そこで、杖を安定した状態で掛けられるよう、カウンターに滑り止めシートを貼り付けました。

Ⅱ 応対の基本

1 応対の基本動作～気持ちは行動に表われる～

（1）心を込めた挨拶を

　挨拶には、コミュニケーションのきっかけになったり、自分の心意気を外へ示したり、周囲や自分自身に活気を与えたりといった効果があります。社会生活における挨拶は、礼儀としてだけではなく、それ以上の意味を持つのです。

　また、挨拶の仕方一つで、相手に与えるあなたの印象が大きく変わると言っても過言ではありません。いつでも、適切なタイミングできちんと挨拶ができるよう、態度や表情、声のトーンに留意するとともに、相手や周囲の方々から見られている、ということも意識しておきましょう。日々のトレーニングと実践を積み重ねることによって、心の込もった好感度の高い挨拶ができるようになります。

■ 挨拶の3ステップ

□相手の顔（目のあたり）を見る

　アイコンタクトを取って、相手の気持ちをこちらへ向けます

□表情を付ける

　基本は柔らかな表情で。場面に応じた表情を

□はっきりと相手に聞こえる声で話す

　背筋を伸ばした上で、声が通りやすいよう、口の開け方・発声の仕方に注意します。場面に応じた声のトーンで

33

2 柔らかな表情で

　表情は、相手を受け入れる姿勢を示すものです。よく見かける
「いつも笑顔で応対しましょう」という標語は、そのことを端的に
表しています。実際の場面では、笑顔が適さない用件であるケース
もありますが、かと言って、無表情や仏頂面をして不快感を与える
ことは、もってのほかです。相手を受け入れる姿勢の基本として
「柔らかな表情」を心掛けましょう。

　柔らかな表情とは、口角を上げ、目はしっかり相手を見ながら
も、目じりを下げた、笑顔の一歩手前の状態です。笑顔ではないの
で歯は見せません。自然で好感を得られる表情になるように、鏡を
見ながらトレーニングしてみましょう。

3 プラスアルファの一言を

　挨拶言葉の後に、ちょっとしたプラスアルファの一言を添えるだ
けで、相手との間に共感が生まれ、心の距離が近づきます。添える
言葉は、例えば、「暑いですね」のように、天気や気候の話題や、
「お荷物重そうですね、よろしければどうぞこちらへ置いてくださ
い」のように、相手への配慮を伝えるものを選びます。

　その場に合った短い一言で充分です。ここで生まれた共感は、理
解し合うための土台となり、その後のコミュニケーションがスムー
ズになることでしょう。

4 職場での挨拶言葉の例

場　面	挨拶言葉
朝	おはようございます。
日中	こんにちは。
外部の方に対して	いつもお世話になっております。
出かけるとき	○○（行先）へいってまいります。
戻ったとき	ただいま戻りました。
職場の人が出かけるとき	いってらっしゃい。
職場の人が外出先から戻ったとき	お帰りなさい。お疲れさまでした。
他の課を訪れたとき	失礼いたします。○○課の△△です。
退庁するとき	お先に失礼いたします。
呼ばれたとき	はい。ただいま参ります。
心遣いに感謝を表すとき	お気遣いいただきありがとうございます。
仕事中に話しかけるとき	今、お時間いただいてよろしいでしょうか。
間違えたとき 迷惑をかけてしまったとき	申し訳ございませんでした。
依頼するとき	よろしくお願いいたします。

（2）応対に入るまでの行動ステップ

[呼ばれたら]

● ポイント

①すぐに相手を見て返事をする（相手へ声をかける）
②素早く立ち上がり、紙、ペン、資料等を持って、相手の近くへ

[相手の前まで来たら]

● ポイント

①柔らかな表情を保つ（口角を上げ、目じりを下げる）
②背筋を伸ばして姿勢を整える
③相手と向き合う位置に立ち、相手と視線を合わせる（真正面よりもやや斜めの位置に立つと、お互いに話しやすい）
④挨拶やお辞儀をしてから話に入る
⑤落ち着いた態度で応対する

（3）気持ちの良い返事を

　呼びかけがあったら、すぐに反応することが大切です。相手の顔を見て、アイコンタクトや会釈を交わしながら、伝わる声の大きさで、キビキビと「はい」と返事をしましょう。そうすることで、相手への敬意と迅速な対応を心掛けていることを示すことができます。

　その後は、できるだけ素早く、相手の近くへ行きます。

　もしも、即座に行けない場合には、「ただいま参ります。少々お待ちいただけますでしょうか」と伝えましょう。

（4）清潔感と信頼感を意識した身だしなみを

　私たちは主に言葉によって意思を伝え合っていますが、そのほか
に「非言語コミュニケーション」と呼ばれるものがあります。これ
は、視覚・聴覚・触覚・味覚・嗅覚といった人間の五感によって
キャッチされるもの（表情や態度、しぐさ等の動作や服装、髪型と
いった"見た目"）からも、相手は何らかの意味やメッセージを感じ
取っている、相手に何かが伝わってしまっている、ということで
す。

　「服装や髪型は個人の問題。仕事ができていれば良いではない
か」という意見もあります。しかし、服装や身だしなみも、「あな
た」を表現している非言語コミュニケーションであり、あなたの一
部として相手に受け取られ、判断されているのです。そこに意図が
あるかどうかにかかわらず、"見た目の印象"は、相手の解釈によっ
て意味付けされ、評価を左右する要因になります。

　相手はあなたを自治体を代表する存在として見ていますから、あ
なたへの評価は、自治体組織全体のイメージに影響を与えてしまい
ます。身だしなみは、ファッションとは異なります。仕事中は、そ
の職責を果たす人物としてふさわしい姿が求められているのは当然
のことです。

　誠実な仕事をしてほしいと期待されている公務員として、どなた
からも好感を持って受け入れられるよう、身だしなみを整えて職務
に臨みましょう。

身だしなみをチェックしよう！

髪

◆公共の仕事をする人間として、ふさわしい髪型ですか

□清潔に整え、特に顔周りは、スッキリと見せる
□長い髪は、束ねたり、留めたりして、だらしなくない
　　ように
□髪を染める場合は、黒やダークブラウンで

名札は必ず着用！
見えやすい位置につけて

服装

◆真摯に仕事をする心構えを表していますか

□ネクタイは緩めずに、シャキッと締めて
□洋服は、仕事にふさわしい色・柄・型で
　（ダークな色・ベーシックな型を選びましょう）
□シャツ・ブラウスのボタンを開ける場合は、第
　　1ボタンまで
□洋服のシワ・シミがないように。ズボンの折り
　目にも注意
□上着の肩にフケが付いていないように
□柔軟剤やフレグランスは、強い香りを避けて

靴

◆手入れをした、歩きやすいものですか

□サイズが合って、疲れにくいものを
□歩いた時に音がしたり、脱げたりしないように
□色は、服装に合わせて
□泥やほこりなど、汚れがないように
□つま先・かかとの擦り切れに注意

"見た目の印象"は、相手の解釈によって意味付けされ、あなたの評価を左右するものです。
誠実な仕事ぶりを期待されている公務員として、どなたからも好感を持って受け入れられるよう、身だしなみ、表情、態度を整えて職務に臨みましょう。

顔・手指

◆清潔感が保たれていますか
□眼鏡のレンズは、常にきれいに
□髭の剃り残しがないように確認を
□化粧はナチュラルメイクで
□爪は短く整え、手指はいつも清潔に
□ネイルが許されている場合も職場にふさわしい色で

背すじをピッと伸ばして!
口角を上げ柔らかな表情で!
相手の方へ視線を向けて!
表情や姿勢も
あなたを表す"身だしなみ"です

小物類

◆公務員として華美ではありませんか
□ネクタイは落ち着いた色柄を選んで
□ワイシャツは白を基調に、ストライプ・チェック程度で
□靴下の色は黒や紺などのダーク系、柄は控えて
□ストッキングの色は、ベージュ系や黒で
□時計は、目立ち過ぎないように
□アクセサリーはシンプルに。小さく、控えめなものを

（5）しぐさやお辞儀は非言語コミュニケーション

　自分では気が付いていないような何気ないしぐさであっても、相手には「あなたの人となり」として伝わることがあります。

　例えば、頬杖をついたり、背もたれに寄り掛かったり、足を組んでいたりといった行動は他人の目につきやすく、だらしない態度として評価されます。周囲に不快感を与えるだけでなく、自己管理ができていない人間と思われてしまうのです。

　日常の動作を細かに点検して、スマートな立ち居振る舞いに変えていきましょう。

座り方

● ポイント
①上体をまっすぐに伸ばす（重心は前寄りにし、骨盤を立てる）
②男性は、両足をこぶし２つ分ほど開ける
③女性は、両足の膝頭を揃える
④背もたれには寄り掛からない
⑤手は膝の上に置く

立ち姿

● ポイント
①肩を上げ、後ろに回してストンと落とした状態で力を抜く
②背筋をまっすぐ伸ばす
③体は、相手に対して正面を向く
④顎を引く（顎が上がっていると横柄な感じに見える）
⑤両手は自然に前に重ねる
⑥両足のかかとを揃える

物の受け渡し

● ポイント

①やり取りしやすい位置で
②相手が使いやすいように、見やすいように
③受け渡しは、必ず両手で、ひと声かけて

案内のしかた

● ポイント

①相手の顔を見ながら、「それでは、○階の○○課
　へご案内します」と、行き先を告げる
②「あちらです」等の声をかけ、相手の顔を見た
　後、示す方向へ視線を向ける
③方向を示すときは、指を揃え、手のひら全体を使う
④歩調は、相手の歩くペースに合わせて
⑤相手の２、３歩前を進み、時折、振り返って相手
　の様子を確認する

（お辞儀）

● ポイント

①お辞儀は、会釈、敬礼、最敬礼のうち、場に適切なものを選択
②腰から曲げることを意識する（頭を動かすだけにならないように）
③基準となる角度で一旦止め、ゆっくりと戻すのが原則
④手は、体の横又は前で重ねる
⑤丁寧にすべき場面では、挨拶言葉の後にお辞儀をする。なお、日常的には同時でも構わないが、言葉を発するとき下を向くため聞こえづらくなるので、相手に伝わるよう、声の大きさに注意する

＜会釈＞

日常的な挨拶の場面で
「おはようございます」
「失礼いたします」

・上体を倒す角度15度
・上体を倒す、止める、戻すのテンポは１、１、２を目安に

＜敬礼＞

あらたまった挨拶の場面での出迎えや見送り、感謝等の挨拶で
「お待たせいたしました」
「よろしくお願いいたします」

・上体を倒す角度30度
・上体を倒す、止める、戻すのテンポは２、１、３を目安に

＜最敬礼＞

お詫びをする場面や深く感謝する場面で
「申し訳ございません」
「誠にありがとうございました」

・上体を倒す角度45度
・上体を倒す、止める、戻すのテンポは３、２、３を目安に

窓口トラブルを避けるための留意点

〇気持ちのスイッチを切り替えて

　接遇の姿勢ができていないと、応対でのトラブルが発生しやすくなります。登庁時や休憩後に素早く「仕事モード」へ切り替えるための、「自分なりの習慣」を持つと良いでしょう。

具体例：

・鏡の前で表情をチェックする

・応対の主要フレーズ（お待たせいたしました、かしこまりました、おかけになってお待ちください等）を声に出して言う

・ストレッチをして姿勢を整える

〇忙しいときこそ、丁寧な言葉や態度を忘れない

　仕事が立て込んでいると、つい自分の忙しさに流されてしまいがちです。慌てて処理することが確認不足によるミスにつながりますし、「早く案件を片付けなければ」と焦る気持ちが態度に出てしまうと、相手にはぞんざいな扱いと受け取られてしまうかもしれません。

　忙しいときこそ、慎重に、機敏な動作と手際の良い処理を心掛け、来客が気持ち良く用事を済ませることができるよう努めましょう。

〇用件を正しく把握、取次ぎはしっかりと

　自治体の仕事は、複雑かつ細分化されていますから、相手の用件を正確に把握することが必要です。また、自分では対応を判断しかねるとき、迷いがあるときは、ためらわずに先輩職員に尋ねるなどして明確にしましょう。

　他の課の担当業務であったり、あなたが処理できない内容であった場合は、担当部署や担当者を適切に判断し、担当者に取り次ぎます。

その際には、話を伺ったところまでの内容を正確に伝えて、相手に何度も同じ話をさせないように配慮します。取次ぎを受けた側は、伝達された内容をご本人に確認することを忘れずに。

〇閉庁時間近くは特に注意

　窓口の受付を終えようとする時刻が近づくと、心の緩みが出やすいものです。うっかりミスに十分注意するとともに最後まで丁寧な応対を心掛けましょう。締め切る間際や終了時刻を過ぎていらした方に対して、少しでもイヤそうな顔をしたり急かすような態度をしたりすることは、来客側にとって不愉快なものであり、誠実さを求められる公務にふさわしいものではありません。また、受付終了時刻の前からバタバタと後片付けを始めることも同様です。

〇気配り、心配りの具体的な方法について検討しておく

　相手に適した接遇ができるようになるためには、日頃から、自分の仕事の中でどのような気配り、心配りができるかを考え、よくあるケース別にシミュレーションをしておくことも大切です。

〇窓口以外でも注意！〜日頃から気を付けるべきこと

　職員同士の会話は、同じフロアにいらっしゃる来訪者にも聞こえてしまっているものです。勤務時間中の職場では、窓口に出ていなくても、職員としてふさわしい態度、姿勢、話し方を実践しましょう。また、自治体の仕事は、プライバシーや利益に関する事柄を扱っているということを肝に銘じておきましょう。

2　電話の応対

　電話は１対１のコミュニケーションであり、相手にとって「今、話をしている人」は、「あなた」だけです。相手は「ここで働いているあなた」と話をしているのですから、職員としての落ち着きを持って応対しましょう。

　応対のポイントの１つ目は、できるだけ早く相手を知ることです。気持ちを集中して話を聴き、用件は何か（事業への申込みか、施策に対する問い合わせか、相談か、行政への要望か）を確認し、不明な点は質問することによって明らかにしていきます。

　２つ目のポイントは、聞き取りやすさと声からの印象です。語尾まではっきりと発声し、さらに、相槌や復唱を入れると相手も話しやすくなり、用件の把握が捗ります。姿が見えないのですから、声の表情（トーン、話し方）や滑舌、話すスピードにも気を配ります。

　電話の応対は、一定の手順を身に付ければ、すぐにできる仕事ですが、経験を重ねないと上達しません。そして、職場の方々は「新人であっても電話くらい取ってほしい」と思っています。皆の期待に応え、職場の役に立つ、貢献度の高い仕事なのです。また、受け答えを通して業務に詳しくなれますし、住民の生の声を聞くことができますから、あなた自身の能力を高めるチャンスでもあります。

（1）電話の受け方と取次ぎ

1 電話を受ける基本形

すぐに出る挨拶

「はい」
「おはようございます」
「（課名・自分の名前）でございます」

＜3コール以上になってしまったら＞

「お待たせいたしました」

相手を確認 どなたから？

「（団体名）の（相手のお名前）様でいらっしゃいますね」
　　　　　※相手方名の復唱は、省略することもあります
「いつもお世話になっております」

＜相手が名乗らなかったとき＞

「恐れ入りますが、お名前をお伺いできますか」

聞き取れなかったとき
「恐れ入ります。もう一度、お聞かせくださいますか」

聞き間違えたとき
「申し訳ございません。（団体名）の（相手のお名前）様でいらっしゃいますね。大変失礼いたしました」

用件を伺う	

メモを取り、相槌を打ちながら確認
「はい」　　　「そうですか」　　　「○○○ということですね」
「少々お待ちいただけますか」
＜すぐに回答できないとき＞「のちほど、こちらからご連絡させて
いただいてもよろしいでしょうか」

＜担当者に代わるとき＞「○○についてですね。ただいま、担当の
者と代わりますので、少々お待ちいただけますか」

取次の場合１／名指しされた職員に取り次ぐとき

「はい。（役職）の（名前）ですね。少々お待ちいただけますか」
＜名指しされた職員へ取り次ぐ＞
「（団体名）の（お名前）様からお電話が入っていますので、お願いいたします」

取次の場合２／名指しされた職員が不在のとき

「申し訳ございません。△△は、あいにく席を外しております」
「申し訳ございません。△△は、外出しておりまして、○時頃に戻る予定です」
「戻り次第、こちらからお電話いたしましょうか」
＜電話番号を伺う＞
「恐れ入りますが、念のため、ご連絡先をお聞かせいただけますか」
「復唱させていただきます。お電話番号○○、（団体名）の（お名前）様ですね。△
△に申し伝えます」

＜相手から伝言を頼まれたとき＞
「はい。かしこまりました。（用件を聞き取り、メモを復唱）で、よろしいでしょうか」

- -

挨拶して 受話器を置く	

「私、○○が承りました」
「ありがとうございました」
「失礼いたします」

・名乗ることで「責任ある応対」と
　して相手に信頼してもらえる
・場に応じた挨拶言葉を選ぶ
・相手が切るのを待って、静かに受
　話器を置く

2 伝言メモの取扱い

　応対の経緯が名指し人へ伝わっていなかったためにトラブルへと発展してしまうケースは意外と多いものです。単なる連絡ミスでは済まされないこともありますから、応対した者として責任を持って伝言しましょう。

・伝言メモを置く際は、確実に名指し人の目に触れるよう、また、紛失しないように注意しましょう。

・名指し人が席に戻ってきたら、来訪者や電話があったこととメモを置いたことを伝えます。特に伝言がなかった場合でも同様です。また、相手の様子で気付いたことがあれば申し添えます（急いでいたようだった等）。

・自分あての電話を他の職員が受けてくれたときや、伝言メモを受け取った際は、感謝の言葉を伝えましょう。

伝言メモ

　　　　　　　　　　　　　　　　　　　　　月　日　時　分

＿＿＿＿＿＿様へ
（所属名）の（氏名）様〔連絡先 tel＿＿＿＿＿＿＿〕から（が）

□電話がありました。　　　　　　　　□来訪されました。

- -

□お電話ください。（TEL　　　　　）
□また電話します。（　月　日　時頃）
□また訪問します。（　月　日　時頃）

＜用件＞

　　　　　　　　　　　　　　　　　　　　（受付者＿＿＿＿）

（2）電話のかけ方

　電話をかけるという行為は、先方の状況にかかわらずその場に割って入ることになります。相手への配慮としてはもちろん、自分がスムーズに話すためにも、短い時間で、分かりやすく用件を伝えられるようあらかじめ準備を整えることが必要です。

１ 電話をかける前の準備

○用件を５Ｗ３Ｈの要素に分解して整理し、書き出します。

　　※５Ｗ３Ｈ＝いつ、どこで、誰が、何を、なぜ、どのように、いくら、どのくらい

○用件を分かりやすい順序に並べ替え、相手の受け答えを想像しながら質問や確認事項を考え、資料を用意します。

○用件や質問、確認事項を一覧表にまとめ、相手の話を聞き取りながら回答を記載していけば連絡漏れがなくなります。

○敬語の言い回しや説明の言葉遣い、話すスピードを考えた上で、シナリオのように書き出しておくのも良いでしょう。

○急ぎの用件でなければ、相手の職場が忙しい時間帯や終業間際を避けるなど、支障が少ない時間帯を選択します。

○数字や日付、地名などを聞き間違えると、大きなミスにつながります。必ず復唱し、ハッキリと発音して確認します。

　※聞き間違えやすい例：１（いち）と７（しち）

　　　　　　　　　　　４日（よっか）と８日（ようか）

　　　　　　　　　　　日比谷と渋谷

　　　　　　　　　　　千葉と芝　　　　　　　　　など

---

2 電話をかけるときの基本形

| 準備を整える | □話したい内容（質問、確認、説明、報告など）を書き出す
　どのような言葉や表現を使って伝えるか、話し方を考える
□耳で聞いて分かりやすいよう、項目の順序を整理する
□必要な資料、メモ用紙、ペン等を用意し、使いやすい状態
　に置く
□相手の所属団体名・役職・氏名・電話番号を確かめる |

発信 ― かけた先の確認 ― 挨拶

□電話に出た方が名乗る名前を聴き、かけ間違えていないかを確認する。

＜名乗りがなかったとき＞

　「（団体名）様でいらっしゃいますか」「（個人名）様のお宅でしょうか」

□まず挨拶から…「おはようございます」「いつもお世話になっております」

□自分を名乗る…「（所属名）の（名前）と申します」

取次ぎの依頼／相手が不在だったときの対応

□取次ぎを依頼する

＜相手が決まっているとき＞

　「恐れ入りますが、（相手のお名前）様はいらっしゃいますでしょうか」

＜相手が特定していないとき＞

　「○○○の件についてお伺いしたいのですが、ご担当の方をお願いできますでしょうか」

□取り次いでくれた方へお礼を述べる…「代わりますのでお待ちください」等の後に

相手が不在だったとき

□こちらから改めてかけ直すのが基本

　「ではまた、こちらからご連絡いたします。ありがとうございました。失礼いたします。」

□なるべく早く相手と連絡を取りたい場合などは、伝言や折り返しの連絡を依頼する

　「そうですか。それでは恐れ入りますが、ご伝言をお願いしてよろしいでしょうか」

　「お手数をおかけして申し訳ございませんが、お戻りになりましたらご連絡くださいますよう、お伝えいただけますでしょうか」 → 「ありがとうございます。よろしくお願いいたします」

用件について相手と話す

☐相手が電話に出たら、挨拶＋名乗り（いきなり用件に入らないこと）
　「（所属名）の（名前）でございます。いつもお世話になっております」
☐用件の概要を述べてから本題に入る
　「○○についての（ご連絡・ご相談・お伺い 等）ですが、お時間いただいてよろ
　　しいでしょうか」
　「○○について、（事情説明）になっておりまして、（依頼事項）をお願いできま
　　すでしょうか」
☐話をしながら、随時、要点を確認する
　「では、これは△△でよろしいですね」「それは△△ということでしょうか」
☐自分の用件を伝えるだけにならないように注意。
☐返事や復唱をしながら、相手の話を傾聴する…「はい」「そうですか」

挨拶をして電話を切る

☐最後には、相手へ挨拶を忘れずに
　「ありがとうございます」「よろしくお願いいたします」「かしこまりました」
　「お忙しいところ、ありがとうございました」
　「失礼いたします」
☐かけた方から先に切るのが基本（ただし、目上の相手の場合は相手が切るのを待つ）
☐最後まで丁寧に。受話器は静かに置く

かけ間違えたときには

＜かけ直しても間違っていたとき＞
　「恐れ入ります。番号を確認させていただいてもよろしいでしょうか。おかけした
番号は○○○なのですが」と尋ね、番号が合っていた場合は、「ありがとうござい
ます。改めて調べ直します。ご迷惑をおかけして申し訳ございませんでした。失礼
いたします」と、対応へのお礼を述べてから電話を切りましょう。

一人きりにならないで！
…電話応対のコツ

　「電話は 1 対 1 のやり取り」と聞いて、不安を覚えた方もいらっしゃるかもしれませんね。

　でも、ちょっとしたコツを使えば、電話であっても周囲の職員に協力してもらうことが可能になります。

　それは、相手の話を要約しながらメモをとり、その内容を「声に出して確認・復唱する」ことです。

　例えば、「提出された〇〇申請書について、修正できるかどうかをお問い合わせされたのに、まだこちらからの回答がない、ということですね」のような形です。この後、「大変申し訳ございませんでした。お調べいたしますのでお名前とご住所をお願いいたします」「お問い合わせされたのはいつごろでしょうか」等の応対をしている間に、これを聞いた他の職員が現在の状況を調べれば、スムーズな応対ができ、回答が遅れた上に催促の電話でも再びお待たせしてしまうという悪循環を防ぐことができます。

　「はい」の一辺倒になりがちな相槌を変え、聞き取った要点を声に出して復唱すれば、他の職員にも電話でのやり取りの内容が分かり、必要に応じて手助けしてもらえることでしょう。

　もちろん、そのためには、日頃からの「職場での信頼関係」が必要です。また、次回は、あなたが周囲に目配りをして、できる限りのサポートに努めることもお忘れなく！

３ 言葉遣いの知識

　言葉は、コミュニケーションの重要な手段です。丁寧で分かりやすく、場面に応じた適切な言葉遣いからは、話し手の思いやり、誠実さ、業務知識の高さ、品格までもが伝わってきます。

　相手や状況が変われば、適した言葉や言い方の有り様も変化しますから、適切な表現ができるようになるためには、知識と応用力が必要です。日々の会話を振り返り、客観的に自分の言葉遣いを見直し、より良い表現を探求することによって、言葉に対する感覚を磨いていきましょう。

（1） 敬語

　敬語は、ある人物を高く位置付けて述べる（＝その人物を立てる）もので、その人物に敬意を払い、尊重していることを表現するためのコミュニケーション方法です。構え過ぎず、定型句のように覚えるところから始めましょう。

よく使われる敬語表現

用語	尊敬語 立てようとする人物側の行為・ものごと・状態などについて述べるもの	謙譲語 自分側から立てようとする人物側へ向かう行為・ものごとについて述べるもの、自分のことを相手に伝えるもの	丁寧語 話や文章の相手に対して、丁寧に述べるもの
見る	ご覧になる	拝見する	見ます
聞く	お聞きになる 聞かれる	伺う、お聞きする、承る、拝聴する	聞きます
言う	おっしゃる 言われる	申す 申し上げる	言います
する	なさる される	いたす させていただく	します
行く	いらっしゃる 行かれる	伺う、参る、参上する	行きます
来る	お越しになる お見えになる いらっしゃる	参る、伺う	来ます
いる	おいでになる いらっしゃる	おる	います
食べる	召し上がる お食べになる	いただく 頂戴する	食べます
もらう	お受け取りになる	いただく 頂戴する	もらいます

「二重敬語」と「敬語連結」 …重なっていると失礼?!

　近年、「違和感を抱く言葉遣い」として、「させていただく」の濫用やマニュアル敬語、二重敬語などが話題になることがあります。

○二重敬語

・1つの語について、同じ種類の敬語を二重に使ったもの。

　例　お読みになられる

　　　尊敬語「お読みになる（←読む）」＋尊敬語「……れる」

・二重敬語は、一般に適切ではないとされていますが、習慣として定着している語もあります。

　定着例　（尊敬語）お召し上がりになる、お見えになる

　　　　　（謙譲語）お伺いする、お伺いいたす、お伺い申し上げる

○敬語連結

・敬語になった2つ以上の語を、接続助詞「て」でつなげたもの。

　例　お読みになっていらっしゃる

　　　「お読みになる（←読んでいる）」＋「いらっしゃる（←いる）」

・それぞれの敬語の使い方が適切で、かつ敬語同士の結びつきに意味的な不合理がない限りは、基本的に許容されています。

　許容例・お読みになってくださる　　　・お読みになっていただく

　　　　・御案内して差し上げる

　不適切な例

　　　×御案内してくださる（→○御案内くださる）

　　　×御案内していただく（→○御案内いただく）

（2）丁寧な言葉遣い

　相手への敬意を表わす方法は敬語だけではありません。

　接遇の場面でよく使われる丁寧な言葉遣いを覚え、場面に応じて適切に使うことによっても相手を尊重する気持ちを伝えられます。

1 言い換え表現の例

職場では不適切な表現例	適切な表現例
すみません	申し訳ございません
～してもらえますか	お手数ですが、～していただけますか
知りません・分かりません	申し訳ございません。分かりかねます
ちょっと待ってください	少々お待ちいただけますか
ここじゃありません	こちらで担当している業務ではございませんので、ただいま担当部署を確認いたします
なんですか	恐れ入りますが、どのような御用件でいらっしゃいますか
誰ですか	恐れ入りますが、どちらさまでしょうか
もう一回言ってくれますか	申し訳ございませんが、もう一度お伺いできますでしょうか
やめてください	おやめいただけますか
じゃ、案内します	それでは、御案内いたします
どうですか	いかがでしょうか
今、席にいません	あいにく、席を外しております
話してください	お話しください　　×お話ししてください
了解です	かしこまりました　承知いたしました
見せてください	拝見します　拝見してよろしいでしょうか
できません	いたしかねます
私がかわりに聞いておきます	差し支えなければ、私が御用件を承りましょうか
すぐ呼んできます	ただ今、呼んで参ります
こちらから行きます	こちらから参ります

こちらから電話します	こちらからお電話を差し上げます
連絡先を教えてください	ご連絡先を伺ってもよろしいでしょうか
来てもらえませんか	おいでいただけますか
本人でないと受付できません	ご本人であれば、すぐ受付できます
本人ですか	ご本人でいらっしゃいますか

2 お詫びは真っ直ぐ丁寧に

　特にお詫びの言葉は、できるだけ早く、丁寧に伝えることを心掛けます。

表現例

・こちらに不手際がございました。誠に申し訳ございません。今後、対応策を検討してまいります。

・お待たせして申し訳ございませんでした。

3 クッション言葉を添えて

　こちらの用件を伝える際に、「クッション言葉」と呼ばれるひとことを添えるだけでも、相手への配慮を表現することができます。

お願い　　　　　お手数をおかけいたしますが

　　　　　　　　差しつかえなければ

　　　　　　　　ご不便をおかけいたしますが

　　　　　　　　恐れ入りますが

お断わり　　　　大変申し上げにくいのですが

　　　　　　　　あいにくでございますが

　　　　　　　　申し訳ございませんが

提案	よろしければ
	お手数ですが

問いかけ	失礼ですが
	恐れ入りますが

※本章参考文献「敬語の指針」平成19年 2 月 2 日文化審議会答申

4　より良い接遇のために必要なスキル

　より良い接遇を行うためには、基本を身に付けることに加え、「相手や状況に最適な対応はどのようなものか、自分で考え実行できるスキル」が必要になります。また、相手の関心や疑問、不満の要因をいち早く察知して「打つ手」を施すことも相互理解のために大切なことです。

　自治体の窓口を訪れた方が不便や不満を感じてしまう大きな要因は、以下の4つに集約されます。

①待たされる
②自分の用件を取り扱う部署が分かりにくい
③親身になって話を聴いてくれない
④窓口での手順や説明が分かりにくい

　つまり、これらの状態を発生しにくくすることで、来訪される方の多くは気持ち良く用件を済ませることができるのです。

　接遇の気持ちが伝わったかどうか、良い接遇であったかどうかは、相手に決定権があります。「やってるつもり」では通用しません。今日よりも明日、明日よりも明後日、さらに良い接遇をめざしてスキルや意識を高めていきましょう。

（1）相手が何を望んでいるか、どのような気持ちかを理解できる

　より良い接遇の実践への第一歩は、相手の心境やその場の状況を察知することから始まります。窓口を訪れる方々の多くがどのような思いを抱いているか、その要望に目を向けてみましょう。

来訪者の気持ちの例

迅速に
早く用件を済ませたい
段取り良く、テキパキと処理するべきだ

公平に
皆、同じように扱ってほしい
順番どおりに受け付けるべきだ
誰かを優先する場合は、理由を明らかにしてほしい

親切に
こちらの立場になってほしい
親切な態度で接するべきだ
質問したら面倒そうな顔をするとはもってのほか

丁寧に
一人ひとりに分かるよう説明してほしい
言葉遣いや態度には気を配るべきだ
ぞんざいな応対態度は許せない

正確に
正確に処理してほしい
自治体のすることに誤りがあってはならない

（2）相手に合わせたスマートな配慮ができる

　自身の応対を「良い接遇」と呼ぶことができるレベルまで引き上げるためには、目の前の相手にしっかりと向き合い、どのような配慮が必要か、と想像力を働かせて考えることが肝要です。

　お困りの様子の方を見かけたら「何かお手伝いいたしましょうか」とすぐに声をかけること、これも配慮の一つです。相手に心苦しさを感じさせないよう、にこやかにスマートに対応しましょう。

　反対に、こちらが気にかけていなかったために、「冷たい対応だ」と受け取られてしまうこともあります。

　よくある「お困りの事例」とその対応例について、先輩職員に聞いて把握し、即時対応ができるようにしておくことも大切です。

　なお、来客対応のために席を外す際には、周囲の職員にその旨を伝えてからにしましょう。

「察する能力」を磨こう

　例えば、Aという制度の利用を希望する住民の方が窓口にみえた場合を考えてみましょう。その方の状況を尋ね、制度の条件に合致していれば利用可能です。しかし、そうではない場合、条件に合致していないことをお伝えするだけでは、十分な接遇とはいえません。

　相手は「自分が利用できる制度がほかにもあるかもしれない、窓口に行けば何か教えてもらえるのではないか」という気持ちを持って訪れたことでしょう。よく調べてみたら、類似のB制度であれば利用できる、という場合もあり得ます。あるいは、最初から、ご本人がこのAとBの制度を取り違えていたのかもしれません。業務知識と相手を理解する能力があれば、もっと住民の期待に近付くことができる可能性があるのです。

　「一を聞いて十を知る」…察しが良いことのたとえです。自分がとるべき次の行動のために、先手を打つことができる能力は、質の高い仕事をする基礎でもあります。しかし、これは、日々の仕事での心がけと経験（トレーニング）の積み重ねがあって、初めて、身に付いてくるものです。生半可に都合よく推察してしまったことが、実際には早合点であったり、話の趣旨が異なっていたりといったトラブルも多く見受けられます。慎重に、確実に力を付けていかなくてはなりません。

（3）接遇の場づくりと「話す・聴く・書く」の意識を高める

　「相手が"言っている"ことだけでなく、その"気持ち"や"期待"に応えることで信頼関係を築く」…公務における接遇がめざしているところです。これを実現するためには、「話す・聴く・書く」という行動そのものを丁寧に行い、その技術を上げていくこと、また、話に集中できるように場を整えることが必要になります。

　「話す・聴く・書く」ことは、正しく理解する、正しく伝える、正しく記録することで「正確な仕事」を成立させるものです。日々の仕事の中で実践していくことによって、理解、伝達及び記録の精度を高めていきましょう。

1 会話の場づくり

　話をしている"場"がストレスの少ないものであれば、お互いにフラットな気持ちで会話に臨むことができます。

　"場"のストレスや相手の負担を軽減するには、読みづらさ、話しにくさ、聞き取りにくさ等の「不便」や、誰かに自分の情報を知られてしまうのではないかなどといった「不安」をできるだけ排除することです。環境を整えることによって話に集中することができる、「会話の場」がつくられます。

①受付カウンターや相談室等を点検し、落ち着いて話をするための妨げになるものはないか確認します。応対する場所から見えるもの、聞こえる音、机や椅子の配置など、物理的な支障・心理的な不快感・身体的な負担になるものはないかチェックしましょう。来訪者側だけでなく、職員にとっての応対しやすさにも着目します。

②確認しておきたい項目の例として、時計が見えるか、通行人の姿がチラチラ目に入らないか、事務室内部の様子が丸見えではないか、来訪者側から業務パソコンの画面が見えていないか、書類の背表紙が来訪者側に向いていないか、外からの光の反射がないか、物品（メモ用紙、ペン、電卓、電話等）は用意されているか、机や椅子は掃除されているか、杖や傘を置く場所は安定しているか、などがあります。

・パーティションで
他の空間と区切る

・真正面に座らず 斜めの席で
（圧迫感の軽減）

・時間の経過が分かるよう
時計を設置

2 話すときの留意点

①安心感を与えられるような話し方で

・語調（抑揚や強弱のつけ方）

・声の出し方、大きさ、高さ

・話す速度（相手に合わせたスピード、間の取り方）

・使う言葉の丁寧さ、正確さ、理解しやすさ

・表情、身振り、手振り

②話の伝え方は相手に合わせて

・アイコンタクトを取り、反応を見ながら

・相手の理解に合わせて、話す項目や順序を整理していく

・説明するときはカタカナ言葉、専門用語を避けて

・ポイントとなる事項は繰り返す、表現を変えることで確認

3 聴くときの留意点

①聴く姿勢に注意

・柔らかい表情を基本に、内容に合わせて表情に変化をつける

・うなずき、相槌を入れて

・相手とのアイコンタクトを取りながら（見つめ過ぎないように）

・相手が言葉に詰まったときは、急かさずに待つ。「○○ということですか」等の質問によって後押ししても良い

・相手が話しているのをさえぎったり、早合点するのは禁物

②聴き取る力を付ける

・ポイントとなる部分や数字は、必ず復唱して確認

・聴き取った内容を正確に記録する

・「言っていること」そのものだけでなく、話の流れや相手のしぐさなどから「相手の真意」を掴むように努める

「しまった！」…応対での失敗事例

○電話での応対で、基本どおり「それでは担当者から折り返しご連絡いたします」と答えた。その日は受付件数が多かったので、他の仕事に追われていたところ、2時間ほど経って、先ほどの方から再度お電話があった。電話に出たとたん、「さっき、折り返し連絡くれると言いましたよね？折り返しとはすぐに返事するということじゃないのですか？ずっと待っていたんですけど、何時間待たせるんですか」とご立腹の様子であった。お話を伺いながら、先ほどの電話の件を担当者に伝えていなかったことを思い出し、背中に冷や汗が流れた。

○申請書類を受け取った際「これで大丈夫ですか」と尋ねられたが、「内容チェックは後でまとめて行うし、不備があれば連絡するのだから」と、つい、よく見もせずに「大丈夫だと思います」と答えてしまった。すると、「だと思います、だなんて、そのような曖昧な返事しかできないのですか。こちらの担当事務でしょう？ダメだったらどうしてくれるのですか。何度も足を運ぶのは嫌だから聞いているのですよ」と憤慨されてしまった。

○お問い合わせに答えていた際、頭の中で内容を考えながら話していたため、つい「これはー、何だろう、○○な感じのことで…」や「ていうか…」といった普段の口ぐせが出てしまった。すると、相手の方から「さっきから聞いていれば、その言葉遣いは何なんだ。まじめに説明しようという気持ちがないのか」と、お叱りを受けてしまった。

5 クレームに遭遇したら

　相手の様子や主張からクレームであることにできるだけ早く気付くことが、対応のポイントです。早い段階で、クレームであることを察知し、より慎重な応対に切り替え、しっかりと話を聴き、エスカレートする前に収束を図ります。

　いくら慎重な応対をしても、なかなか納得いただけないかもしれません。しかし、相手の疑問や不満をしっかり受け止め、丁寧な説明に努めるとともに、同じ内容の話を繰り返すことになっても、誠実に、落ち着いた態度で接するよう心掛けることが必要です。責任回避や曖昧な言葉でうやむやにすることは許されません。

　相手の方は、自身の不快な心境への理解を求めている場合も多くあります。事情の確認だけでなく、相手の気持ちにもフォーカスして応対します。

（1）クレーム応対の留意点

(聴く姿勢)

　□周囲の職員にクレームであることをさりげなく知らせ、必要な場合に協力してもらえるよう備える。

　□先入観を持たず、謙虚な姿勢で臨む。しかし、過度な低姿勢はかえって不快感を与えるので注意。

　□相手の心境に理解を示す相槌を打つ。厳しい言葉で責められたとしても、しっかりと受け止めた上で、客観的に、用件と意見を整理して聴く。発言するときは、冷静に話す。

　□相手を論破しようとしないこと。この場は、どちらが正しいか

を決めるものではない。

□面倒だ、早く終わらせたいと焦らない。そういった気持ちがあると、無意識のうちに態度に表われて相手に伝わり、さらに不愉快にさせてしまう。落ち着いて、相手の話をよく聴くこと。

（応対の進め方）

□必ずメモをとる。自分の備忘のためだけでなく、相手にとっても「きちんと対応してもらっている」という安心感につながる。

□内容把握と事実確認に努め、相槌と復唱を徹底する。

□メモは、事実と主観を分けて記載する。５Ｗ３Ｈで整理し、不足部分は積極的に質問して明確にする。

□こちら側の不手際や不快な思いをさせたことがクレームのきっかけになっていることも多い。そのような事実があった場合は、まず、その件についてお詫びすることから始める。

□聴いている間は、相手の話をさえぎらない。

□こちらに非がない場合も、正当であることを主張しすぎない。（相手に対して「あなたが間違っている」と言っているのと同じことになる。これでは収束しない。）

□言葉や表現を変え粘り強く説明する。

（まとめ方）

□事案そのものだけでなく、自治体や生活等への潜在的な不満や不安が混じっている場合もあるので、それを察知し、その心情へのフォローも検討する。

□安請け合いをしない。簡単なことであっても、公平性の観点か

ら実行できない場合もあることを忘れずに。

□できることとできないことは理由とともにハッキリと示す。その場しのぎで相手に期待を持たせるようなことを言うのはご法度。また、自分の責任の範囲を超えた回答をしないこと。

□解決策を提示して了承を得る。意に沿わない処理を勝手に行うと、再クレームになってしまう。

□解決策が見出せない場合は、代替案を提示する。

□最後にもう一度相手の心境を理解する言葉を述べる（不愉快な思いをさせてしまったことへのお詫びを伝える。）。

（2）クレームで落ち込まないために〜一息おいて、冷静に対応を〜

　公務の特性から、住民からの要望に応えられないことは多々あります。しかし、いかなる場面においても、相手の意を酌む努力をすることと、誠意を示すことが大切です。時には一方的に怒鳴られたり、担当業務とは関係のない別のクレームを持ちかけられたり、といったことがあるかもしれません。そのようなとき、こちらが腹を立てて言い争いになったりしないよう、一息おいて、ゆっくりと頭の中で6秒までの数をカウントするアンガーマネジメントの手法など、感情を客観視し、冷静さを保つ方法を活用するとよいでしょう。

　「100％分かり合えることはない」と、ある意味「割り切る」と同時に、「できるだけ相手の理解を引き出そう」とより良い方法を探し、この経験を次へつなげる前向きな気持ちが必要です。

あなたの笑顔は何のため？

　クレームに遭遇すると、誰でも多かれ少なかれ落ち込んでしまうものです。なぜ「感じの良い応対」が必要なのか、そんなものは何の役にも立たないのではないか、などと思ったりもすることでしょう。

　しかし、応対の際の笑顔は、飾りではありません。相手とのコミュニケーションの中で、前向きで真摯に取り組もうとする意思表示であると同時に、互いの距離を縮め、その場の雰囲気を良い方向へと高めるためのものです。不機嫌な顔をしている人を前にすると、こちらも何だか暗い気持ちになることがありますよね。その逆のことです。

　自治体は、誠実に仕事をすることを通じて住民の期待に応えるとともに、信頼を得ることをめざしています。そして、信頼に値するかどうかは、仕事の成果のみならず、接遇をはじめとした職員の取組姿勢によっても、決定づけられます。

　来訪者の方が、気分よく用事を済ませられること、プラスの心境で帰途についていただけること、それらも私たちの仕事の一部であることを改めて意識して臨みましょう。

6 ビジネスメールの留意点

　メールは迅速に用件を伝えられる便利な手段です。しかし、仕事で使うメールは公文書と同じように扱わなければなりません。そのため皆さんの所属団体では、メールを使用するにあたってのルールが定められているはずですので、必ず確認してください。また、ルールを遵守し、分かりやすく、簡潔に記載することはもちろんですが、内容についても慎重な検討が必要です。自治体が送付する文章としてふさわしいかどうか、送信する前に、慎重にチェックする必要があります。

メールの基本マナー

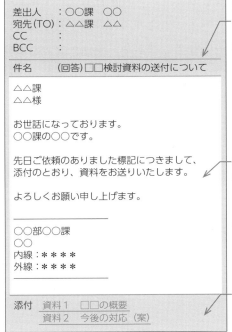

● ポイント

①件名は、用件の内容が一目で分かるよう、簡潔に表記します。

②相手から届いたメールに返信するときは、通常、件名を変えずにREで送ります。前のメール履歴を参照させたままにすることで、これまでの経緯をすぐに確認できるメリットがあるからです。ただし、履歴を参照させるとメールのサイズが大きくなってしまいます。同じ相手とのやり取りであっても、何度か往復した後、違う主題になった際には新たな件名を付けて新規作成します。

③原則、左寄せで記載します。

④読みやすい区切りで改行します。一般に、メールの場合は読みやすさを重視するため、1行の文字数が同じでなくても構わないとされています。

⑤本文に書かれた用件は必要十分か、言葉遣いは適切か、メールアドレスに誤りはないかなど、送信前に必ず確認します。公文書と同じように、先輩や上司にメールの文面をチェックしていただきましょう。

⑥添付ファイルのデータ量は、なるべく小さくなるようファイル形式等を工夫し、受け取る相手側のメールボックス容量に負担をかけないよう配慮します。

　メールは、一度送ってしまうと取り返しがつかないものです。送信する前に、誤字脱字はないか、相手のアドレス、所属団体名、職名、氏名に誤りはないか、添付したファイルの取り違えはないか等について必ず再確認します。

　また、データを送る場合には、さらに注意が必要です。送信先の誤りやファイルの取り違えがあると、転用されたり、加工操作されたりする危険が発生します。もしその中に、他に知られてはならない情報（検討段階の施策案や金額に係る記述、個人情報など）が含まれていたら、コンプライアンス違反となり、大変な事態です。メールに添付するファイルにパスワードを設定して、簡単に開くことができないよう備えておきましょう。

　なお、公文書と同じく扱うと言っても、メールと公文書では意味合いが異なることもあります。例えば朱肉押印の書類を送る場合、メールで送付するのはあくまで「写し」であり、後刻、原本を郵送する必要があります。

（TO、CC、BCCの使い分け）

①TO

　相手を特定して送付するときに使います。TOでメールが届いたら、CCに他の送信先があっても自分宛ての内容です。

②CC（Carbon Copy）

　送信先以外の関係者へ参考に送付する場合に使用します。CCで表示されている方々同士に面識があるなどすでに関係ができているときに適した方法です。

③BCC（Blind Carbon Copy）

　送信先の方々同士に面識がなく、各々の受信者の名前やメールア
ドレスを守りたい場合に適しています。同じメールを受信している
人は誰か、なぜ自分に送られてきたのかが分かるよう、「このメー
ルは○○会議に出席された方へお送りしています」などと付記する
とよいでしょう。

【メールアドレスは個人情報です！】

　メールアドレスは個人情報の一つです。たとえ、「○○さんのア
ドレスを教えてほしい」と依頼されたとしても、安易に伝えてはな
りません。ご本人に、「誰が」「何のために」アドレスを知りたがっ
ているのかを説明し、必ず了承を取りましょう。

　また、誤った方法でメールを送信したことによって、個人情報で
ある受信者名とメールアドレスが拡散されてしまう事例も発生して
います。送付先が多数の場合はBCCを使用するなど、TOとBCCの
使い分けにも留意しましょう。

7 来客の応対

　職場には、窓口取扱業務の手続に来られる方だけでなく地元自治会の方や協働して事業を行っている企業・団体の方など、様々なお客様がおいでになります。どなたが、何の用件でお越しなのかを正確に把握した上で、担当者へ引き継ぎましょう。

（1）来客のご案内

1 来客時のご案内の基本形

(早く気付く)

　仕事をしながらも常に出入口に注意を払い、来客に早く気が付くようにしましょう。来訪者にとって、気付かれないことは、無視されたも同然の気持ちになるものです。

(声をかける)

　来客へ視線を合わせ、すぐに声をかけ、立ち上がります。

　＊「おはようございます」「こんにちは」「ただいま参ります」
　　等、相手に聞こえるようハッキリと挨拶をします。

(用件を確認する)

　来客のところへ行き、相手の団体名、氏名、用件、面会相手などを伺います。

　＊「＜団体名＞の＜氏名＞様でいらっしゃいますね」
　＊来客が名刺を出された場合は、両手で受け取り、会社名と名前
　　を読み上げて確認します。

＊「いつもお世話になっております」と言葉を添えます。

＊相手が指名した職員に取り次ぎ、別室への案内が必要な場合は、どちらへご案内すれば良いかを確認しましょう。

2 指名された職員が不在のとき

「申し訳ございません。あいにく席を外しております」など、不在であることを伝え、お詫びします。

＊その用件に対応できる職員が他にもいる場合は、「代わりの者が承ってもよろしいでしょうか」などと尋ねます。

＊伝言がある場合はメモを取り、指名された職員へ正確に伝えます。

3 お待ちいただくとき

上席の椅子を勧め、「担当の○○が参りますので、こちらで少々お待ちいただけますでしょうか」等、丁寧に取り次ぎましょう。部屋を出る際は「失礼いたします」と一礼してから辞去します。

＊お待たせしてしまう場合には、おおよその時間と、理由を伝え、了承を得ます。

＊来訪者にも、次の予定があります。長くお待たせすることになりそうであれば、また後日面会する方法（こちらから相手先へ参上する等）を取った方が良い場合もあります。必ず相手に確認しましょう。

例：「ただいま確認いたしましたところ、担当の○○は外出先からこちらへ戻る途中なのですが、あいにく道路が渋滞しており、遅れているとのことです。お待たせしてしまい、申し

75

　　訳ございません」「あと10分ほどで到着できるかと思います
　　が、いかがいたしましょうか」

＊飲み物をお出しする等の配慮が必要な場合もあります。また、
　　担当者の到着が遅れるなどで、お待たせしたまま長い時間（概
　　ね5分以上）が経過することのないよう、初めに取り次いだ者
　　が、常に目配りを欠かさないようにしてください。

4 別の場所へ御案内するとき

①行き先を告げてから先導します。

　例「5階の会議室へご案内いたします」

＊ご案内する際は、相手と歩調を合わせて、2、3歩ほど前を歩
　　きます。なるべく振り返りながら相手の様子を確認し、行き先
　　を手のひらで指し示し曲がり角では「右手になります」、段差
　　のある場所では「足元にお気を付けください」等、声をかけな
　　がら進みます。

＊エレベーターでは、乗り降りどちらも、「お客様が先」が原則

です。ただし、複数名のお客様をご案内するときや、エレベーターが外側のボタンで扉を操作できない型の場合には、「失礼します」と断ってから素早く乗り、「開」ボタンを押しながらお客様を誘導します。

②お待ちいただく部屋へ到着したら、ノックをしてからドアを開き、ドアを押さえてお客様を誘導します。

（2）席次のルール

　応接室や会議室、自動車などの座席には上座・下座といった一定のルールがあります。ご案内の際は席次にも留意しましょう。

　以下の図は①が最も上座となり、数字が大きくなるほど下座を表します。

　これは原則の一例です。部屋や乗り物の状況等により、異なる位置が上座とする場合や、席次にかかわらず、出入りしやすい席をお客様が希望される場合もあります。訪問時は、案内された席へ着きましょう。

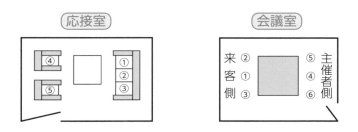

　部屋の場合は、一般に入口から遠い方が上座です。ソファーは、大きい方（複数人掛け）が来客用です。また、会議の際は、中心の席が上座となったり、窓がある部屋の場合、窓の外が見える位置を

上座とすることもあります。事務室内の応接コーナーの場合は、事務をしているエリアから遠い方が上座になります。

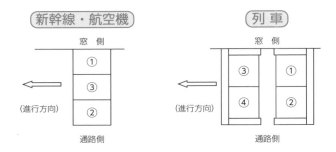

乗り物の場合、進行方向を向いた席の窓側が最上位になります。ただし、通路側を好む方もいらっしゃるので、ご希望を確認します。

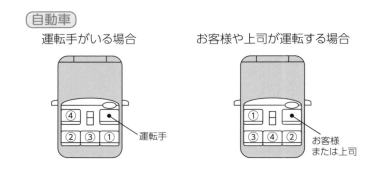

自動車の場合は、最も安全とされている運転席の後ろが最上位になります。お客様や上司が運転する場合は、お客様や上司のいらっしゃる所が上座になるため、助手席が最上位になります。

（3）名刺の取扱い

　名刺を取り扱う際の振舞いは、相手への歓迎や尊重の姿勢を表している、とされていますので、丁寧に扱うことが大切です。

　名刺交換をする機会の多寡は部署によって異なりますが、その場になって慌てないよう、取扱いの基本を身に付けておきましょう。

1 名刺の準備

□自分の職に相応しい名刺入れ（色柄、素材）を用意する

　　→名刺入れも身だしなみの一つです

□スムーズに取り出せるようにして名刺を入れる

　　→財布やバッグに直に入れるのはマナー違反です

□きれいな状態の名刺をお渡しできるよう、折れや汚れがないか点検する

2 名刺交換の基本（同時交換）

　名刺交換は、立ち上がって相手と向き合い、手渡しで行います。目下から先に差し出すのが通例ですので、訪問先では自分から先にお渡しします。複数人で交換するとき、こちら側の順序は目上の方から始めます。

　初めてお互いに顔を合わせる場でもありますから、「よろしくお願いいたします」との気持ちを込めて、にこやかな表情で、明るく、ハキハキと挨拶しましょう。

3 名刺の保存

・職場に戻ってから、名刺の裏側などの余白に面会した日付を

記入しておきます。

・保存用のホルダーに業務別に整理しておくと、連絡を取りたい場合にスムーズに検索できます。

・以前に頂戴した名刺を基に連絡をとろうとする場合は、役職や部署が変わっている可能性があります。昇格されたのに、前の役職でお呼びするのは失礼です。必ず確認しましょう。

名刺交換のマナー

8　まとめ〜あなた自身を磨くことが一番の近道〜

　接遇には、「これが正解」「これで万全」ということがありません。相手やその場の状況によって「最適な接遇のあり方」はそれぞれ違うからです。だからこそ、基本を身に付けた上で、相手を尊重し、相手が真に求めていることを察知しつつ、こちらができることや公平・公正のバランスを考え、行動する、この繰り返しが必要になります。そして、経験を振り返り、より良い応対のあり方を考えることによって「相手からの無言のサイン」を素早く発見する感覚が養われ、やがて、適切な状況判断や予測ができるようになるのです。

　この過程は、学び、成長するプロセスでもあります。適切に対応できる能力を身に付ければ、接遇以外の分野での活用もできるようになります。日々の仕事で実践経験を積み、やってみる→検証する→もっと良いやり方を考える→次回やってみる、とブラッシュアップを継続していくことが、信頼される職員となるための一番の近道です。

　これはすなわち、一人の職員としてあるべき姿へと成長していくために、あなた自身を磨いていくことにほかなりません。たかが接遇、コミュニケーションと思うなかれ、全ての業務に通じる総合的な能力を鍛える場でもあるのです。あなたの中に根付いた「接遇の心」は、やがて大きな花を咲かせることでしょう。そのために、日々努力し、失敗したら素直に反省しながら、くじけずにトライを続けていっていただければと思います。

　重要なのは「知っていること」ことではなく「行動できること」

です。いくら接遇マナーのノウハウを知っていても、実際の場面でそのように振る舞えなければ意味がありません。まずは、自治体職員として住民から理解と信頼が得られるような応対を心がけましょう。まだ自信が持てなくても、しっかりと相手を見て、「私が責任を持って応対する」と示すことから始めてください。誠意ある行動ができるかどうかがカギです。上手くできるようになってから窓口に立とうなどと思っていては、一歩も前進できません。誰でも初めは不慣れで、苦手意識を感じます。しかし、経験を積むことによって、必ず習熟できます。慣れるまでにどのくらいの期間がかかるか、それが人によって異なるだけです。焦ることはないのです。

　基本を覚えたら、しっかりと準備をして、プラスの心で、窓口に立ちましょう、電話を受けましょう。そこから見える世界は、あなた自身を成長させる広大なフィールドです。

第**3**章
公務員倫理・公務員として守るべきこと

　　住民生活に多くの影響を与える権限を持っている自治体職員は、公平・公正に職務を担当し、住民の方々から信頼されることが大切です。そこで、この章では、公務員として自ら律しなければならないルールや、意識すべきことについて、実際にあった事例に触れながら説明します。

Ⅰ　事例で学ぶ公務員倫理

　この章では、公務員として守るべきことや心掛け、仕事上起こりうる重大なミスについて説明します。そして、公務員として守るべきルールを守れなかったときにどのようなことが起こるのか、事例を挙げながら、紹介します。

　自分がそのようなことを起こすことはない、と考える人がほとんどでしょう。しかし、思わぬところに落とし穴があったり、そのつもりがなくとも、守るべきルールに違反してしまうこともありえます。

　これらの行為がもたらす影響や違反の程度によっては、懲戒免職という厳しい処分が待っていることもあります。

　さらに、報道発表されれば、個人の懲戒とは別に、その自治体に対する信頼や、公務員という職そのものに対する信頼を失うことにつながります。そして、処分を受けてしまうと、自分自身の生活や人生にも大きな影響が出てしまいます。

　また、たとえ処分に至らなくても、住民に迷惑をかけたり、適正な事務執行や行政の公平性等に関する信頼を失うことには変わりありません。

　公務員生活をスタートさせたばかりの皆さんには、これから説明する事例を他山の石として、自らの行動を律し、公務員として恥ずかしくない勤務、恥ずかしくない生活を送っていただきたいと思います。

　なお、地方公務員法により職員に課せられている義務や、それらに違反したときの処分の法的な内容については、第5章で詳しく説明します。

1　公務員が守るべきこととは

　第1章でも述べましたが、公務員には、民間企業の社員と異なる点があります。

　それは、公務員という仕事の性質から、守らなければならないことが、法律上定められているということです。

　また、公務員の仕事には、税金の徴収など、相手の意思に関係なく強制的に執行することができる業務があり、その性質上、より厳しい自己統制や倫理が求められます。

　公務員としての心構えは、憲法の「公務員は全体の奉仕者」という規定や、地方公務員法上の「すべて職員は、全体の奉仕者として公共の利益のために勤務し、且つ、職務の遂行にあたつては、全力を挙げてこれに専念しなければならない。」といった規定に表れています。

　そして、具体的な服務に関しては、民間企業の社員とは異なる様々な基準が設けられています。

　それは、公務という仕事はその性質上、公平性、透明性が非常に高いレベルで求められるということ、そして、特定の誰かのためではなく、住民全体のためであるということが根底にあるためです。

　皆さんも、入庁したときに、「服務の宣誓」を行ったことでしょう。

　服務とは、仕事に就くという意味ですが、公務員の場合は、公務員として守るべき義務・規範や態度という意味で使われています。

　つまり服務の宣誓とは、「公務員としての義務や規範を遵守し、住民全体のために、一生懸命働きます」ということを誓っているの

です。

　どうしてこんなことをするのか、疑問に思った人もいるかもしれません。宣誓を機会として、公務員として働くということを、そして、それがどのような意味を持っているのかを、あらためて認識してほしいということなのです。

2 業務や勤務時間中の行動に関して注意すべきこと

　仕事をミスなくやり遂げることは、公務員に限らず、どのような職業でも求められることです。しかし、気を付けたつもりでも、様々なミスが起こりえます。そのミスも程度によっては、重大な影響を引き起こします。さらに、公務員は、その業務内容や社会的な責任から、ミスが起きたときの責任も大きくなります。

　ここでは、実際に発生した事例をもとに、こうした事態に至らないようにするために気を付けるべきことについて説明します。

(1) 個人情報に関すること

　住民のプライバシーにかかわる情報を扱うことが多い公務員の仕事においては、個人情報の保護は非常に大切です。

　また、個人情報保護法等により、国民全体に個人情報の保護が大切だという認識が広まってきていることもあり、個人情報の保護は、公務員の義務の中で大変重いものです。地方公務員法では、秘密を守る義務として、罰則付きで規定が設けられています。

　そして、漏洩が起きてしまった場合には、悪意がなくとも、内容によっては、停職や免職等の懲戒処分に該当する場合もあります。

　公務員として、責任をもって的確に業務を遂行するという意識を常に持つとともに、業務上、大量の個人情報を扱っていることの責任も十分認識することが必要です。

　➡個人情報保護制度については、第6章Ⅱ2（248頁）で述べます。

事例1　USBメモリの紛失

　A市では、選挙事務を行う際に、投票区内の選挙人データを記録したUSBメモリを使用していました。USBメモリは、市内に複数ある投票所ごとに作成され、それぞれの投票所で投票人の照合等に利用されたあと、開票所に運んで開票事務に利用していました。

　選挙の数日後に使用した事務用品の整理を行った際、複数あるUSBメモリのうち、有権者約6,000人分のデータが記録されている1本が無くなっていることが判明しました。

　これに気が付いた市は、事実について報道発表するとともに、謝罪を行いました。なお、紛失したUSBメモリには、パスワードによる保護がかけてあり、その後、流出したデータが悪用されたという事件は起きませんでした。

● 解説

　USBメモリは、手軽に大量の情報を持ち運ぶことができる反面、それをなくしたときの影響も大きなものです。

　そのため、最近では、こうしたミスが起きないよう、USBメモリの使用そのものを禁止したり、制限している自治体も多くあります。

　しかし、業務上USBメモリを使うことが必要な場合もあります。

　こうしたときは、業務の手順を守り、貴重な情報を持ち歩いているという意識をもって、要所々々で、USBの本数を確認したり、落としたときに気が付きやすいよう音の出る鈴をあらかじめつけておくなどの対応が求められます。また、事例のように、万が一紛失したときのために、パスワード保護やデータの暗号化をしておくといった予防策を、適切にとっておくことが影響を最小限にとどめる

ことにつながります。

　そのほかに、仕事が業務時間内に終わらずに、休日に自宅で仕事を
しようとして、業務上の情報をUSBメモリにコピーして持ち帰り、こ
れを紛失してしまったという事例もあるなど、きちんと仕事を終わら
せようという責任感が、かえってあだになってしまうことがあります。

　こうしたことが起きないようにするためには、そもそも職場外に
仕事の情報を持ち出さないということが大切です。

事例2 郵送物の宛名の誤り

　B市の福祉部門で、ある通知を発送する際に、宛名のデータ等
をエクセルで管理しており、そのデータを宛名シールに印刷し
て、封筒に貼付していました。

　担当職員が宛名の並び順を整理しようと、ソート機能を使って
データの並べ替えを行った際に、並べ替えの対象範囲の指定を誤
り、宛名の住所・氏名と通知の内容が一致しなくなりましたが、
これに気付かず、通知を発送してしまいました。

　市は、通知を受け取った市民からの通報で誤りに気付き、送付
先の家庭に謝罪を行いました。

● 解説

　このような事例は、どの自治体でも起こりうるものです。

　エクセル等のパソコンソフトは多くの情報を整理、活用するため
に非常に便利で、利用していない自治体はないと言えると思いま
す。また、ソフトの活用により大量のデータを迅速に処理できるた
め、適切な利用は、業務の効率化に役立ちます。しかし、一方で、
操作ミスをしたときに発生する件数や影響も大きくなります。

　さらに、こうした誤りが、納税通知書や介護保険の認定など、センシティブな個人情報に関する通知で起きたときには、影響がより大きくなってしまいます。

　そして、報道発表やその対応、誤って送付した住民への個別の謝罪や誤って送付した通知の回収、正しい通知の送付のやり直しなど、多くのリカバリー事務が発生します。

　特に忙しいときほど、こうしたミスが起きやすく、リカバリー事務の負担も大きくなります。

　ミスの発生予防のためには、複数の職員の目で確認することが有効です。しかし、忙しいときほど、こうした対応もおろそかになりがちです。

　そこで、発送前に、一定数のサンプルを抽出して、元のデータと突合するなどの手順を定めておき、必ずこれを守るということをルール化することも効果的です。

事例3　SNSへの投稿

　C市の税務部門の職員が、時間外勤務中に職場の自分の机で食

事をとっている様子をスマートフォンで撮影して、帰宅後に自身のSNSアカウントへ投稿しました。その写真の背景に税務関係の書類が写っており、企業名や資産価格等の情報が不特定多数の者が閲覧できる状態になっていました。

　SNSの投稿内容を指摘する匿名メールが市に届き、情報の漏洩が発覚しました。SNSの他の投稿内容から職員が特定され、市は同職員に削除を命じるとともに、その関係の企業に謝罪しました。市は同職員の処分を検討すると発表しました。

●解説

　スマートフォンを持っていない人は、ほとんどいないでしょう。そして、スマートフォンの高性能化により、高解像度の写真や動画を誰でも簡単に撮ることができます。

　そのため、この事例のように、意識して個人情報を漏らそうとしたわけではなくとも、重大な情報漏洩につながることが簡単に起きてしまいます。

　この事例で該当職員が判明したのは、辞令等の個人特定につながる情報がほかにも投稿されていたからですが、そもそも、こうした情報を誰もが閲覧できる場に公開してしまうことについて、疑問に思わないことに、この事例の重大さがあります。

　自治体の職場は、どこでも個人情報があふれています。日常の勤務で慣れが生じ、そうした意識が希薄になってしまうと、こうした問題の発生につながりかねません。普段から、安易な慣れに対しては自らを戒める気持ちを忘れない事が大切です。

　そして、個人情報の保護の重要性の研修等の機会を得たときには、漫然と聞くのではなく、自分の職場に置き換えてみて、どのような

ことが起きうるのか、当事者意識をもって聞いてほしいと思います。

（2）業務上のミス

　自分の担当の業務を行っているときでも、思わぬミスが発生することがあります。違法行為ではありませんが、その影響によっては処分を受けることもあります。普段行っている業務については、慣れてきた頃に、つい確認がおろそかになったり、これくらい大丈夫だろうという油断が生まれてきます。些細なミスに思えることが、その後大きな問題に発展することもあります。

　自治体の仕事の幅は大変広く、職員は、公務員生活の中で、様々な業務を担当することになります。重大なミスを犯さないためにも、入庁したときの緊張感を忘れないようにしてほしいと思います。

事例4　下水道料金の賦課漏れ

　D市では、下水道料金について、総額約5,500万円の賦課漏れがあったことが分かり、報道発表と謝罪を行うとともに、原因を調査しました。

　調査の結果、職員が下水道料金の管理システムへの入力を忘れていたこと、下水管の接続処理の確認手続が誤っていたことなどが原因で、時効により徴収できなくなっている金額が約200万円にのぼることが分かりました。

　その金額や社会的な影響は大きく、詳細な内容が複数のメディアで報道されました。その結果、職員の処分が行われたのみならず、発生後数年にわたって市民への説明や追加徴収の事務が発生し、その状況を毎年、市のホームページ上で公表することとなり

ました。

● 解説

　この事例は、当事者のみならず市長、副市長の減給という責任問題にまで発展しています。さらに、その後の処理も数年にわたって続いており、当事者以外の職員もその業務に動員されています。

　本来なら不必要な膨大な量の業務を、長期間にわたって行わなければならないことも、ミスそのものに加えて、その部署の業務全体に大きな影響を与えているといえます。

　きっかけは、システムの入力ミスや確認事務の誤りですが、それが積み重なると、大きな問題となってしまいます。

　組織が大きくなるほど、自分がしている仕事と全体とのつながりが見えにくくなります。

　しかし、職員が担当している仕事は、他の職員が担当している仕事と組み合わさって自治体の業務を構成し、住民の生活を支えているのです。

　新たに公務員となった皆さんには、仕事に対する責任感はもちろんのこと、組織の単なる歯車として仕事をするのではなく、自分の仕事の上流の仕事、下流の仕事を考え、業務全体を見渡すことと、自分の仕事がうまくいかなかった場合に、どのような影響が発生するのかを常に把握する意識を持ってほしいと思います。

（3）職務専念義務違反

　公務員は、勤務時間中は自分の職務の遂行に集中しなければなりません。つまり、仕事以外のことをしたり、さぼったりしてはいけないということです。当たり前のようですが、これは地方公務員法に規定

された義務であり、それに違反する行為は処分の対象となります。

事例5 テレワーク中の外出

　E市の職員が、テレワークの申請を行い自宅で勤務を行っている日の日中に、スーパーで買い物をしているところを住民に目撃され、職場に通報されました。同職員は、勤務時間中に休暇届を出すことなく勤務を怠ったとして、職務専念義務違反により減給6か月の処分を受けました。

●解説

　令和2年からの新型コロナウイルス感染症の流行により、テレワークを導入する自治体が増えてきました。テレワークは、勤務する場所が自宅やホテルの一室になるなど、勤務場所が異なるだけで、勤務に関する諸条件は変わっていません。

　自宅で一人きりで勤務していると、出勤したという感覚がなく、通常の勤務時間中であることの意識が薄くなる恐れがあります。しかし、在宅勤務をしている間は、出勤時刻、昼休み、終業時刻などすべて、通常の勤務と同じです。また、服務に関する規定も通常どおり適用されます。勤務開始時刻には、パソコン等の設定を終え、すぐに勤務が始められるようにしなければなりません。また、昼休みなども決められた時刻を守って取る必要があります。

　勤務開始や終了などのタイミングで上司に連絡をする等の対策をとっている自治体もありますが、そうしたことをするまでもなく、ルールを守って勤務をすることは当然です。

　もし、体調不良などで、休まざるを得ないときなどは、上司に連絡したうえで、休暇届を申請してから休むようにしましょう。

3 勤務時間外であっても、守るべきこと

　公務員には、その業務の性質上、高い倫理性や住民からの信頼が欠かせません。その一面が勤務時間外であっても守らなければならない義務として表れています。

　そのうちの一つに、信用失墜行為の禁止ということがあります。

　信用失墜行為とは、法律に違反したり、公序良俗を守らないなど、社会のルールに反する行為を指します。こうした行為は、公務員でなくとも行ってはならないことですが、職務の性質上、住民からの信頼を得ることが重要である公務員の場合は、国家公務員法や地方公務員法で禁止されています。そして、こうした行為があった場合は、公務員にふさわしくないものとして、懲戒処分の対象となります。また、こうした行為は、同時に刑法違反となることも多く、刑法や地方公務員法の罰則が適用されるとともに、さらに加えて、社会的な制裁を受けることになります。

事例6　公務員として不適切な発言をブログに書き込み

　国の職員が東日本大震災の被災地について、「復興は不要」など、著しく不適切な内容をブログに書き込んでおり、投稿の内容や写真から本人が特定され、同職員は停職2か月の処分を受けました。

● 解説

　この事例は、法律で禁止されている公務員の信用失墜行為に当たるとして、処分を受けたものです。

　公務員は、国民、住民のために様々な形で業務に取り組まなくて

はなりません。地方公務員の場合は、それが「服務の根本基準」と
して、地方公務員法にも明記されています。また住民側にも、公務
員に対して、自分たちのために公平、公正に公務を行ってくれるも
のという期待があります。

　業務上、個人の生活の細部にまで関わることも多い地方公務員の
場合は、こうした期待や信頼に基づいてこそ、仕事が成り立ってい
る側面があります。

　一部の職員による行為が、公務員全体の信頼を失わせることに
なっては、多くの仕事が成り立たなくなる恐れがあります。実際
に、こうした報道があったときには、当事者の自治体へはもちろ
ん、それ以外の自治体へも苦情や意見が寄せられることも珍しくあ
りません。

　だからこそ、自分の行為が、社会にどのように受け止められ、ど
のような影響をもたらすのか、しっかりと考えることが必要です。

事例7　副業の禁止

　F市の職員が、勤務時間外にパチンコ店で週4回から5回の清
掃のアルバイトをして、報酬約40万円を得たとして、停職3か月
の懲戒処分とされました。処分を受けた職員は、子供の受験のた
めの費用が必要だったためアルバイトをしたと、事実関係を認め
ています。

● 解説

　公務員は、その仕事の性質上、公正性が疑われることがないよ
う、営利企業で働くなどの副業は禁止されています。もし副業を認
めれば、副業先の企業等について、行政上の取扱いに便宜を図って

いるのではないか、といった疑いがもたれ、公務の適切な執行が難しくなってしまうからです。

　また、公務員の給与は、副業をしなくても生活していける水準を守るよう法律で規定されていますから、この点からも副業は認められません。

事例8　飲酒運転

① 　G市の職員が、市議会議員との懇親会から帰宅した後、自宅の前に停めておいた車を移動させようとして、人身事故を起こしたところを警察に通報され、飲酒運転の容疑で逮捕されました。その後、市は同職員を懲戒免職とする処分を行いました。

② 　H市の職員が、市内の飲食店で同僚と酒を飲んだ後に自転車に乗って帰宅する際、交差点で軽自動車と衝突しました。

　職員にも車に乗っていた人にも、けがはありませんでしたが、市は同職員を停職1か月の懲戒処分としました。

● 解説

　飲酒運転による事故については、新聞やテレビ等の報道で、その悲惨さを目にすることがあると思います。

　飲酒運転は、公務員であるかどうかにかかわらず、絶対に行ってはいけないものです。社会からの目が特に厳しい公務員では、懲戒免職になることも珍しくありません。また、自分で運転していなくとも、同乗したり、飲酒運転をしようとした事実を知っていれば、責任が問われます。

　万が一、飲酒運転で事故を起こした場合は、相手方への責任や賠償はもちろん、懲戒免職となれば収入が途絶えることになり、生活

の不安や家族への負担など、計り知れない影響があります。

　また、自転車の飲酒運転で停職1か月の懲戒処分となった例もあります。近年では、自転車による交通事故についても、厳しい扱いが行われるようになっています。自転車も軽車両であり、飲酒運転をしてはいけないことは自動車と同じです。さらに、自転車による交通事故にかかわる裁判で、近年、多額の損害賠償を認める判決が出るようになってきており、自転車の事故が社会的に注目を浴びるようになっています。

　こうした背景もあり、お酒を飲んだ時は、自動車に加え自転車にも乗らないよう、職員に徹底している自治体が多いようです。

　飲酒運転は、行った本人に非があり、酌量の余地もほとんどないため、非常に厳しい処分が行われます。自分も、そして周りの同僚も飲酒運転はしない、させないということを徹底しなければいけません。

　また、令和5年4月1日から、自転車に乗るときヘルメットを着用することが努力義務化されました。いわゆるママチャリに乗るときにもヘルメットを被るのは、少々気恥ずかしいと思いますが、地方公務員である私たちが率先して被ることで、社会への普及の一助となります。

自転車も
飲酒運転
となります！

4 犯罪行為

　汚職等の犯罪行為は、決して手を染めてはいけないこととして、職員研修等が行われています。しかし、誰もがしてはいけないと分かっているにもかかわらず、汚職や犯罪行為が起きてしまっていることも事実です。

事例9　業務上横領

　Ｉ市の外郭団体の職員が、自らが管理していた公共施設の利用料を数百万円着服していたとして、逮捕され懲戒免職となった上、業務上横領として起訴され、実刑判決を受けて服役しました。

● 解説

　この事例は、職員が着服した利用料をパチンコ等の遊興費に使っていました。

　この事例に限らず、ギャンブル等にのめり込んだり、ブランド品の購入等のために軽い気持ちで借りた消費者金融からの借金が返済できず、公金に手を付けてしまうという事件は、公務員でも起こしています。

　社会人として、また、公務員として、社会の規範を守ること、私生活においても節度を持った暮らしをすることなどは当たり前のことです。しかし、それを守らず、これくらいなら大丈夫だろうといった軽い気持ちで行った行為が犯罪につながってしまいます。

　また、仕事上の金銭ではなく、職場の親睦会の積立金の着服等も発生しています。

　ちょっとだけなら、といった安易な気持ちを持たないこと、もし
トラブルに発展しそうなことをしてしまったら、取り返しのつかな
い事態になる前に、家族や上司に打ち明けて相談するなどして、解
決しなければなりません。

事例10　収賄

　J市の水道部局の職員が、業務委託を随意契約として特定業者
が選定されるよう便宜を図った見返りに現金約60万円を受け取っ
ていたことが明らかになり、市は同職員を懲戒免職としたほか、
上司に当たる職員に対しても減給等の懲戒処分を行いました。

● 解説

　この事例は、借金の返済のために賄賂を受け取ったことが公判で
分かったものです。どのような理由があっても、収賄は決して許さ
れるものではありません。

　また、収賄は、地方公務員法の違反のほかに、刑法上の罪に問わ
れます。その結果、裁判で禁錮以上の判決があった際には、地方公
務員法の規定により、失職します。

　この事例では、現金の受渡しがありましたが、収賄は現金だけに
限りません。高価な物品をもらったり、無料で飲食等の接待を受け
ることも含まれます。

　この事例では、贈賄側と職員は顔見知りでしたが、仕事上、事業
者と何度も打ち合わせをすることや、見積の依頼をすることは、ど
の職場でもよくあることです。こうした関係が、個人的な付き合い
に発展することもありますが贈収賄のきっかけとなる危険性をはら
んでいます。公務員として、どのような相手に対しても、また、ど

のような場合であっても、しっかりとけじめをもって、対応をする
ことが求められます。

事例11　その他の非行

　K市職員が、走行中の電車の中で、乗り合わせた女子高校生ら
に対して、わいせつな行為をしたとして逮捕されました。その後
の調べで、同職員はこうした行為を繰り返していたことが判明
し、懲戒免職となりました。

● 解説

　わいせつ行為等の性犯罪は、相手に恐怖を与えたり、肉体的、心
理的に傷つける、絶対に許されない行為であり、地方公務員法の信
用失墜行為だけではなく、刑法上の罪に問われます。

　また、公務員は、逮捕されると職名や氏名が報道されることが多
く、本人の個人情報等が虚偽も含めてインターネット上で大量に出
回ってしまいます。

　当該行為の性質から、社会的な影響も大きく、本人以外にも、家
族、職場など、広範囲に影響が及ぶものであり、倫理面からも決し
て許されない行為です。

（参考）懲戒処分の標準例は、各自治体で定めるものですが、以下はその一例です。

事　　　由	免職	停職	減給	戒告	違反内容
一般服務関係					
（1）欠勤					
ア　1年間に3日以上9日以内			●	●	②
イ　1年間に10日以上20日以内		●	●		②
ウ　引き続き概ね3週間以上	●				②
（2）遅参・早退	時間数を日数換算の上、（1）の例による				②
（3）休暇等の虚偽申請			●	●	②
（4）勤務態度不良		●	●	●	②
（5）職場内秩序びん乱（暴行・暴言等）			●	●	②
（6）公文書偽造・私文書偽造等	●	●	●		③
（7）不適切な事務処理			●	●	③
（8）虚偽報告			●	●	③
（9）収賄・供応等					
ア　賄賂の収受	●				③
イ　利害関係者からの利益供与	●	●	●		③
（10）入札談合等に関与する行為	●	●	●	●	③
（11）営利企業等の無許可従事		●	●	●	②・⑦
（12）違法な職員団体活動（地公法第37条第1項後段）		●	●	●	②・⑥
（13）秘密漏えい	●	●	●		④
（14）個人の秘密情報の目的外収集		●	●	●	④
（15）個人情報の盗難、紛失または流出			●	●	④
（16）個人情報の不当利用	●	●	●		④
（17）コンピューターの不適正利用					
インターネットの不正アクセス、わいせつ文書・図画の閲覧、電子データの損壊、不正プログラムの利用・ウイルス感染など		●	●	●	③
上記の行為により公務の運営に支障	●				①・③
（18）セクシュアル・ハラスメント					
ア　暴行・脅迫によるわいせつな行為、上司等の影響力利用による性的関係・わいせつな行為	●	●			③
イ　意に反することを認識の上でのわいせつな言辞等の性的な言動の繰り返し		●	●		③
執拗な繰り返しにより強度の心的ストレスの重積により相手が精神疾患に罹患	●	●			③
ウ　意に反することを認識の上での性的な言動		●	●		③
強度の心的ストレスで相手が精神疾患に罹患	●	●			③
公金公物取扱い関係					
（1）横領	●				③
（2）窃盗	●				③
（3）詐取	●				③
（4）盗難			●	●	③
（5）紛失			●	●	③
（6）公物損壊		●	●		③
（7）出火・爆発（過失）			●	●	③
（8）諸給与の違法支払い・不適正受給		●	●		③
（9）公金公物処理不適正		●	●		③
（1）殺人	●				③
（2）放火	●				③
（3）傷害	●	●			③
（4）暴行・けんか		●	●		③
（5）器物損壊		●	●		③

公務外非行関係	（6）横領・占有離脱物横領					
	ア　自己の占有する他人の物を横領	●	●			③
	イ　遺失物横領		●	●		③
	（7）窃盗・強盗					
	ア　窃盗	●	●			③
	イ　強盗	●				③
	（8）詐欺・恐喝	●	●			③
	（9）賭博					
	ア　賭博		●	●	●	③
	イ　常習賭博	●	●			③
	（10）麻薬・覚せい剤等の所持又は使用	●				③
	（11）危険ドラッグの所持又は使用	●	●			③
	（12）酩酊による粗野な言動等		●	●	●	③
	（13）わいせつ行為等					
	ア　強制わいせつ	●				③
	イ　淫行	●	●			③
	ウ　児童買春	●				③
	エ　痴漢行為	●	●			③
	オ　その他のわいせつな行為（のぞき等）	●	●			③
	（14）ストーカー行為	●	●			③
交通事故・交通法規違反	（1）飲酒運転での交通事故					
	ア　酒酔い運転・酒気帯び運転で人身事故	●				③
	イ　酒酔い運転で物損事故	●				③
	ウ　酒気帯び運転	●	●			③
	危険防止を怠る等の措置義務違反	●				③
	（2）飲酒運転以外での交通事故（人身事故を伴うもの）	●				
	ア　死亡又は重篤な傷害	●	●	●		③
	危険防止を怠る等の措置義務違反	●				③
	イ　傷害			●	●	
	危険防止を怠る等の措置義務違反	●				③
	（3）交通法規違反					
	ア　酒酔い運転	●				③
	イ　酒気帯び運転	●	●			③
	ウ　飲酒運転者への車両又は酒類の提供	●	●			③
	エ　飲酒運転車両への同乗	●	●			③
	オ　無免許運転・著しい速度超過等	●	●			③
監督責任	（1）指揮監督不適正			●	●	③
	（2）非行の隠ぺい、黙認		●	●		③

違反内容　凡例

①	法令等及び上司の職務上の命令に従う義務
②	職務に専念する義務
③	信用失墜行為の禁止
④	秘密を守る義務
⑤	政治的行為の制限
⑥	争議行為等の禁止
⑦	営利企業への従事等の制限

・違反内容は、代表的なものを挙げてあり、実際には複数の理由に該当する場合もあります。
　また、多くのケースが刑法等に違反していますが、社会人として当然に守るべき法令であり、公務員独
　自の義務ではないため違反内容には、表記していません。
・同一違反行為に複数の処分が該当している場合は、行為の重さや被害の大きさなどを考慮して、具体的
　な処分が決定されます。

Ⅱ　広義の公務員の責任

1　災害と公務員

　通常の業務とは異なりますが、大きな災害が発生したときに、どのように行動するかということは、公務員として意識しておく必要があります。

　近年、地震や風水害により、かつてない規模の災害が各地で発生しています。災害報道で、その恐ろしさや悲惨さが伝えられていますが、その裏側では、必ず多くの地方公務員が復興、復旧に向けて、大変な努力をしています。

　災害対応は、自治体の組織が通常通りに維持、機能できるかどうかも不確定な状態で、まったなしの対応を迫られます。

　どの市町村でも、組織として災害対応の手順が決められていますから、それに則った対応をしなければなりませんが、その際に、一人ひとりの心掛けや行動が重要になってきます。ここでは、職員としての基本的な考え方について説明します。

（1）平素行っておくこと

　災害には、①風水害のようにある程度予測が可能なものと、②地震のように予測できないものがあります。

　このどちらについても、普段の準備が重要です。

　災害が発生したときは、職員はその対応のために出勤することが求められます。

　そのために、普段から行っておくべきことは、2つあります。

　1つは、自分が出勤すべき状況はどのようなときか、また、出勤後どのような役割があるかを確認し、覚えておくことです。

　災害には、可能な職員は全員出勤する大災害から、一部の職員が出勤するレベルのものまであり、自治体ごとに、その規模によって職員の動員体制が定められています。自分は、どのレベルになったら出勤しなければならないのか、またその際に、どのような手段で連絡が来るのかをきちんと把握しておきましょう。近年では、職員への一斉送信メールで連絡することも多いので、メールチェックをすることも必要になります。

　もう1つは、自分が出勤しなければならなくなったときに、出勤できる環境を整えておくことです。具体的には、自宅や家族の安全の確保や、出勤時に持参すべきもの等について、（普段から、）家族間で連絡手段の確認をしておいたり、物品を準備しておいたりすることです。

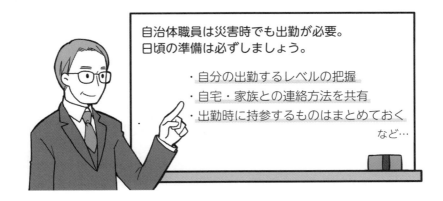

自治体職員は災害時でも出勤が必要。
日頃の準備は必ずしましょう。

・自分の出勤するレベルの把握
・自宅・家族との連絡方法を共有
・出勤時に持参するものはまとめておく
　　　　　　　　　　　　　　　など…

（2）災害が発生したら

　実際に、災害がいつ発生するかは分かりません。勤務時間中、自宅にいるとき、あるいは旅行中など様々な場合が考えられます。

　風水害のように、前もって災害発生がある程度予測でき、自分に割り当てられた役割から考えて、出勤することが予想されるときにはあらかじめ準備をしておきましょう。勤務時間中であれば、帰宅できなくなる可能性がありますので、簡単な食事の確保を行っておいたり、家族に連絡をしておくなどです。

　自宅にいた場合は、まず、自らや家族の安全を確保します。

　特に大きな災害の際には、一度出勤すると、数日あるいはそれ以上の期間にわたって、自宅に戻れない可能性があります。

　そのような場合に、出勤後に家族の安否等が分からない状態では、災害対応の業務に集中することができません。また、大きな災害のときには、通信が途絶したり、つながりにくくなります。そのため、災害時の伝言ダイヤルサービスや、メール等の複数の連絡手段を確認してから出勤する必要があります。

　水や食料など、出勤後、職場に泊まり込まなければならない場合に必要な物資が、すぐには十分確保できないことも考えられます。防災の備蓄物品等を参考に、最低限のものは持参することが必要です。

　さらに、出勤途中では、建物の倒壊や道路の破損等について記録をとっておくと、復旧作業の際に役に立つことも考えられます。最近の携帯電話は、写真と同時にGPS機能により場所の情報も記録されるので便利です。ただし、登庁後庁舎の停電等により電源の確保ができず、充電ができない場合に備えて、携帯電話が使えなくても

場所や状況が分かるように簡単なメモを取っておくことも必要です。

　なお、災害が発生したとき、遠隔地に旅行に行っている場合があります。そのような場合は、すぐに出勤することはできません。現在は、災害発生時に出勤の可否をメールで応答するシステムを運用している自治体も多くあります。すぐに返信するとともに、テレビ等で災害の状況を確認しましょう。そして、電話やメール等で職場に連絡をとるなどして、災害対応の状況を確認し、その後の指示を仰ぐことが必要です。

（3）出勤したら

　災害時の業務については、防災部門の職員以外は、普段行っていることとは違う役割が割り当てられています。発災時には、組織としての対応方法がマニュアル等で定められていますので、その中で、自分に割り当てられた業務を遂行することになります。

　しかし、災害対策本部が設置されるような大きな災害では、職員の中に被災者が出ることも想定されます。また、想定外のことが起きることもあり得ます。

　そのため、割り当てられた役割を基本としながらも、出勤できた職員の間で、災害に関する情報や災害対応体制に関する情報等を共有しながら、何をするべきか、どのような部分が不足しているかなど、自ら考えながら動くことが求められます。

（4）長期化する災害対応と職員

　災害は、発災直後の対応が注目されがちです。避難所の開設、運

営や食料、飲料水の手配、けが人の救出、搬送など、一刻も早く対応をしなければならないことが、一時に起きてきます。こうしたことへの対応が迅速、的確に行われることはもちろん重要ですが、災害はその後の復興プロセスに、より長い時間と労力が必要になります。

　例えば、震災のがれきの片づけ、風水害での家屋や道路に堆積した泥の排出、さらには被災した家屋の被害度の調査、罹災証明の発行、被災された人たちの心のケアなど、様々な仕事が待っています。これらは、自治体だけが行うものではありませんが、自治体への期待が大きいことも事実です。こうした業務は、突然発生するものである上に、通常の業務もストップするわけにはいきません。ですから、現場ではまさに人手がいくらあっても足りない状況になります。そのため、担当部署以外の部署にも応援要請が行われることがしばしばあります。

　また、住民の気持ちに寄り添って支援をしていくために、直接災害の現場を見ることも大変重要です。

　そこで、こうした応援要請があったとき、ぜひ進んで手を挙げていただきたいと思います。

（5）他の地域で起きた大規模災害

　近年の災害の大規模化により、一つの自治体だけでは、復旧の人手が賄えない場合が生じてきています。そのため、自治体間で相互支援を行う約束をしている場合や、国や都道府県を通じて支援要請がある場合等があります。

　実際に、東日本大震災や熊本地震等の際には、全国の自治体から

多くの職員が派遣されています。派遣の期間は、1週間程度の短期間のものから、1年以上にわたる長期のものまで様々です。

　発災直後は、保健師等の専門職への派遣要請のほか、避難所の運営の補助など、すぐに人手がいる業務の支援が必要となりますが、復旧が長期化するに従い、建物被害の診断や罹災証明の発行、税の減免手続等に支援内容が移っていきます。

　こうした支援について、地方公務員としてお互いに助け合うという観点から積極的に捉え、参加しようという前向きな姿勢で臨んでいただきたいと思います。また、同じ職場の誰かが、被災地に派遣されると、残された職場の職員は、その人の仕事までカバーしなければならず、負担が発生します。しかし、こうしたときも、派遣される職員が現地で心置きなく支援作業ができるよう、気持ちよく送り出してあげてください。

2 人権感覚を磨こう

（1）人権と憲法

あらためて、皆さんに伺います。人権とは何でしょうか。

人権擁護推進審議会の答申によれば、「人々が生存と自由を確保し、それぞれの幸福を追求する権利─それが人権である」「一人一人が自分の人権のみならず、他人の人権についても正しい理解を持つとともに、権利の行使に伴う責任を自覚し、人権を相互に尊重し合い、その共存を図っていくことが重要である」とされています。言い換えれば、人権とは、人間が人間らしく生きていくために絶対に必要な権利であり、お互いの人権を尊重し合うことが大切だということです。

人権は、長い歴史の中で民衆が勝ち取ってきた権利ですが、人権の保障が当たり前となっている現在の日本では、人間が人間らしく生きていくために絶対に必要な権利とは何かを具体的にイメージすることは、難しいかもしれません。外国の紛争地域において、何の理由もなく逮捕・拘束されたり、政府に対して批判的な言動を行ったり、思想を持つこと自体が禁止されていることを聞くと、人権の保障されない社会がいかに大変か想像できるでしょう。

●日本国憲法

第11条　国民は、すべての基本的人権の享有を妨げられない。この憲法が国民に保障する基本的人権は、侵すことのできない永久の権利として、現在及び将来の国民に与へられる。

第14条　すべて国民は、法の下に平等であつて、人種、信条、性別、社会的身分又は門地により、政治的、経済的又は社会的関係において、差別されない。

　憲法においては、「基本的人権の尊重」をその柱にし、具体的には、第14条において法の下の平等を規定したほか、多くの権利を基本的人権として保障しています。

（2）身の回りの人権課題

　現在の日本における人権をめぐる具体的な課題としては、例えば、次のようなものがあります。

①　「男は仕事、女は家庭」といった固定的な意識に基づく家庭や職場での様々な男女差別、ＤＶや職場等におけるセクシュアル・ハラスメント、性犯罪等の女性に対する暴力の問題等、女性の人権侵害

②　いじめ、体罰、児童虐待等、子どもの人権侵害

③　高齢者に対する就職差別、介護者による身体的・心理的虐待等、高齢者の人権侵害

④　車いすでの乗車拒否等、障害のある人の社会参加の差別等、障害を理由とする偏見や差別

⑤　歴史的な身分差別に起因する結婚や就職の差別等（いわゆる同和問題）

⑥　外国人であることを理由とした一律のアパートの入居拒否や公衆浴場の入浴拒否、外国人についての根拠のないうわさ、ヘイトスピーチ等、外国人に対する偏見や差別

⑦　匿名による書き込みが可能なことを悪用したインターネット上での個人の名誉棄損、プライバシー侵害、いじめ等

⑧　そのほか、HIV感染者・ハンセン病患者等、ホームレス、性的指向（LGBTQ+）、性同一性障害者等に対する偏見や差別

　課題は常に一定ではなく、例えば⑦インターネット上での課題のように新たに生じて対応を求められるものもあります。

（3）公務員として意識すべきこと

　公務員は、憲法に規定される基本的人権の尊重について、積極的に擁護すべき立場にあります。自治体の窓口での対応をはじめ、担当業務において、差別的なことがあってはなりません。特に、法令によって強制力を与えられている業務や、住民生活に密接に関連した業務においては、常に相手方の基本的人権を念頭に置いて、対応を考えましょう。

　また、単に、差別的取扱いや言動をしないといったことだけではなく、誰もが人間らしく生きることを支える社会を築くことが、公務員の仕事であるという意識を持って、職務にあたることが大切です。繰り返しになりますが、職員個人の人権感覚を磨いて、自らが差別的な対応を行わないだけではなく、人権問題に遭遇したらそれを解決することが、公務員に課された責務であるということを常に意識してください。

（4）職場内でのハラスメント

　職場でのハラスメントの代表例がセクハラとパワハラです。

　セクハラ（セクシュアル・ハラスメント）とは、職場において、被害者が不快に思うような性的言動が行われ、それを拒否したことで被害者に不利益が生じたり、職場環境が悪化したりすることです。同様に、職場におけるパワハラ（パワーハラスメント）とは、同じ職場で働く者に対して、職務上の地位や人間関係等の職場内で

の優位性を背景に、業務の適正な範囲を超えて、精神的・身体的苦痛を与えたり、職場環境を悪化させたりする行為と定義されています。

　職場におけるセクハラやパワハラの事例の多くは、加害者側が人権感覚に鈍感で、自らの言動で相手を傷つけていることに気が付いていないことが多いようです。したがって、そのような状況に直面したら、職場の中で被害者側から、「今の言動は不愉快」と声を上げて表明し、許容される範囲を超えていることを明らかにすることが考えられます。もっとも、面と向かって上司や先輩に、「不愉快」とは言いにくいでしょうから、職場の同僚から加害者に対して「○○さん、今の発言はアウトですよ」と注意してもらうことも考えられます。

　ハラスメントは職場の中での人権課題の一つです。人権感覚が研ぎ澄まされていれば、そういった事態には陥らないはずですし、仮に何かあったとしても、職場内のそういった状況を周りの人間が見て見ぬふりをすることはできないはずです。ハラスメントをなくすためには、職場のメンバーがお互い目配りをして、みんなで気を付ける職場、はっきり口に出して言わなくとも、みんながお互いの人権を尊重しながら働く職場を目指すことが一番です。

勇気を持って相談を！－セクハラ対策

　皆さんは、セクシュアル・ハラスメントあるいはセクハラという言葉を聞いたことがあると思います。セクハラとは、職場における性的な性質をもった不適切な言動、身体への不必要な接触をいいます。具体的には、二人だけの会食や飲み会への執拗な誘い、彼氏彼女の存在等のプライベートな事柄について執拗に聞き出そうとする、カラオケでデュエットを強要する、ネット上で性的な内容の噂を流す、私的な内容について大量の電子メールを送りつける、身体への接触を目的に職場の懇親会の席等で頻繁に隣に着座する、本人の意思に反してスマートフォンで容貌・容姿を撮影するなどの行為がセクハラにあたります。これらの行為は、相手方に精神的苦痛を与える許し難い行為です。

　こうした行為は、その人物の年齢、性別、性格や立場等により感じ方に差異があり、また、行為をしている側も悪いことをしているという意識がない、あるいは極めて低い場合が多いことから、かつては、我慢を強いられたこともありました。しかし、現在では、人権侵害にあたる違法な行為とされています。

　個人が自律的存在として尊重され、職場で安心して勤務するためには、セクハラは決してあってはならないことです。また、それゆえ、こうしたセクハラへの対策は、事業主の法的義務なのです。

　雇用の分野における男女の均等な機会及び待遇の確保等に関する法律第11条第1項では、業種、規模にかかわらず、全ての事業主に対して、セクハラについての相談体制の整備、相談があった際の適切な対

応が義務付けられています。また、事業主が相談者に対して不利益な扱いをすることは、同法で禁止されています。これらを受け、各自治体でセクハラ防止に関する規程が定められてきました。

　相手の性的言動により嫌悪感や不快感を覚えることがあれば、一人で悩まずに、迷わず相談すべきです。相談先は、中立的立場で解決してもらえる職場の専門相談窓口が一番です。あらかじめメールか電話で相談の内容を伝えてから行くと良いでしょう。組織内で解決することが困難な場合には、まずは、事業主に対する監督権限を有する都道府県労働局の窓口へ相談しましょう。それでも解決しないときには、弁護士、社会保険労務士等の外部の専門家に助けを求める方法もあります。

　特に新人職員の場合、「恥ずかしい」「仕返しが怖い」「将来の勤務にマイナスの影響があるのでは」といった消極的な気持ちが先に立つことは当然でしょう。しかし、セクハラは対応が遅れると回復し難い精神的ダメージを負うこともまれではありません。勇気をもって早期に相談することが肝要です。いうまでもありませんが、こうした相談をすることにより、事業主が相談者に対して不利な扱いをすることは前掲の法律により禁止されています。

　なお、職務上の地位や人間関係等、職場での優位性を背景に、業務の適正な範囲を超えて、精神的、身体的苦痛を与えるといったパワーハラスメントについても、絶対に許されない行為です。令和元年に改正された労働施策総合推進法並びに労働者の雇用の安定及び職業生活の充実等に関する法律第30条の2第1項では、パワハラに対し、相談体制の整備、相談があった際の適切な対応が事業主に義務付けられて

います。また、セクハラの場合と同様に、事業主が相談者に対して不利益な扱いをすることは、同法で禁止されています。これらを受け各自治体ではパワハラ防止に関する規程が定められてきました。自身で抱え込まないで、職場の窓口や専門家へ早期に相談することにより解決することが重要です。

鹿児島大学教授　宇那木正寛

第4章
公務員の働き方

　この章は、職場に配属されて仕事をするときの
ちょっとしたコツや、公務員の職場に独特な文書事
務について説明します。

　１日も早く職場に慣れ、自治体職員として責任あ
る仕事を任されるよう、焦らず、慌てず、諦めずに
頑張りましょう。

I　仕事に臨む姿勢

　初めて職場に配属されたら、仕事の内容を理解し、必要な能力を身に付けることが目標です。そのため、仕事に向かう姿勢として次のようなことを意識してみましょう。

①予習する

　基本は学生時代の勉強と同じです。

　まず、仕事に関する資料は、事前に目を通しましょう。

　全体の流れがおおまかにつかめる程度で十分です。直ちに理解できないところをあらかじめ明らかにしておけば、その部分に集中して説明を聞いたり、上司や先輩に質問したりすることができます。

　上司や先輩は、事前に資料を読んできているかどうか分かるものです。あなたのその意欲は必ず伝わり、上司や先輩の指導にも熱が入ります。

②記録する

　教えてもらったことについては、必ずメモします。人間の記憶はあいまいなだけでなく、覚えたことを忘れることも早いからです。

　学生時代、授業を受ける際には、ノートをとっていませんでしたか。上司や先輩の説明を聞くときも同じことです。メモは指示された内容の整理に役立ちますし、仕事が指示どおりに進んでいるか、メモに基づいて点検することもできます。また、後々に記録として確認することも可能になります。その意味でメモは大切なものですから、なくさないようにするため、しっかりしたノートを持つこと

をお勧めします。

③復習する

　上司や先輩から仕事の内容ややり方の説明を受けたら、メモや資料を見直して復習しましょう。自分が理解できているかどうかは、その事柄を自分の言葉で説明してみるとよく分かります。

　説明を受けたときには分かったつもりになっていたことも、後で冷静に振り返ると、分からないところが出てくるものです。

④質問する

　分からないところが出てきたら、そのままにしないで遠慮せず、上司や先輩に尋ねましょう。上司や先輩は、いつも忙しそうにしていて、なかなか話しかけにくいかもしれません。そういう時は、「先程説明を受けた件について、内容がよく分からない部分があるのですが、お時間のあるときに教えていただけないでしょうか。」と勇気をもって話しかけてみましょう。そもそも一度で全てを理解することは容易ではなく、そのことは上司や先輩も分かっています。上司や先輩にとっても、あなたが正確に理解して仕事ができているかは関心事なのです。

　質問して疑問が解決したら、必ずメモをしておきましょう。

　それから、時間を作ってくれた上司や先輩に感謝することを忘れないでください。口に出して、お礼を言うようにしましょう。

あなたは組織の一員です。

　よく、組織は時計に例えられます。時計は大小様々な歯車が組み合わされ、それぞれの歯車が正しく動いて、はじめて正確な時を刻むことができます。

　組織から見れば、前任者という歯車が抜けて、あなたという新しい歯車が入ったこととなります。新しい歯車が、前の歯車と同様、調子良く回らないと、全体も回らなくなります。このように、あなたの担当している仕事は、どんなに些末なものに見えても、組織全体の働きにとって不可欠なものなのです。

　あなたという人物を、上司や先輩、組織はまだよく知りません。あなたの仕事ぶりを見て、あなたを理解します。すなわち、一つひとつの仕事での成果の積み重ねが、あなたという人材を規定します。

　担当している仕事を正確に実施し続ければ、組織の中でのあなたに対する信頼も高まることになります。

1 仕事の進め方

　組織の中での仕事とは、上司からの「指示」を受けることから始まり、あなたは指示内容を「実施」し、その結果を上司に「報告」することで完了します。

　指示された内容をすぐにできるものもありますが、ある程度の期間を必要とするものもあります。そのような時は、途中で進捗状況等について中間報告を行う必要があります。

　それでは、この流れに沿ってポイントを見ていきましょう。

（1）指示の受け方

　第5章で学びますが、職員には、法令等及び上司の職務上の命令に従う義務があります（地方公務員法第32条）。

　自治体の仕事にはチームワークが大切です。チームのリーダーである上司や先輩は、組織全体のバランスを勘案した上で、各職員に仕事を配分し、指示を出します。

　学生時代に先生が同じ指示を出しても、答えが学生によって違ったり、ぼーっとしていて指示が分からなかったりした経験はありませんか。指示の受け方がうまくないと良い仕事をすることはできません。そこで、上司からうまく指示を受けるために、次のようなことに気を付けましょう。

1 上司に呼ばれたら

　上司から呼ばれたら、はっきり「はい」と返事をして、筆記用具とメモ用のノートを持って、速やかに上司の所へ向かいましょう。

2 上司の話を最後までしっかりと聞く

　早合点という言葉がありますが、これは危険です。一般論や全体像から話す場合もあれば、具体的な事例から話す場合もあります。好事例から話す場合もあれば、悪い例からのこともあります。指示内容を正確に理解するためには、話が一区切り終わるまでしっかりと耳を傾けます。大事な点や分かりにくいところは必ずメモを取ったり、マーカーを引いたりしましょう。

3 分からないことがあればその場で質問する

　指示されたことについて、理解できない点や不明な点をあいまいなままにしておいてはいけません。「分かったつもり」や「分かったふり」は禁物です。分からなかった点は、上司の話が終わったら質問しましょう。

　実は、上司も最初はあなたと同じ初心者でした。「私も昔、そう思ったよ」とコミュニケーションのきっかけになるかもしれません。

　上司は、多くの部下がミスする「つまずきポイント」を知っています。あなたから何の質問もないと、本当に分かっているか不安に思うものです。

　逆に質問が出るとあなたの理解度が分かり、安心できるとともに、あなたの理解度に合わせた説明をしてくれることでしょう。

　上司の最大の関心事は、期限までに所定の成果を挙げることです。あなたが誤った理解をした結果、誤った結果となってしまうことは避けたいはずです。質問は新人の特権です。「ちょっといいですか」、「念のための確認なのですが」と聞いてみましょう。

4 指示を5W1Hに従ってチェックする

指示内容を5W1H等でチェックし、正確に理解します。

期限 (When)	仕事は時期（タイミング）や期限が大切です。特に、いつまでに仕上げるのかという期限は、必ず確認します。
場所 (Where)	会議やイベントの場合、会場がどこなのかや、そこまでの交通手段を確認しましょう。自治体の場合、公用車を使用することもあるので、その確認は大切です。
誰が (Who)	その指示は自分一人に与えられたものか、誰かと協力すべきかなどを、はっきり知る必要があります。また、誰と連絡をとるのか、誰に届けるのかも確認しましょう。
何を (What)	何をどの程度まで実施するのか、具体的に把握してから仕事を始めます。
なぜ (Why)	何のためにその仕事を実施するのかという目的や理由を把握します。ただ、やれと言われたからやるというのでは単なる「作業」です。目的や理由を理解してこそ「仕事」になり、臨機応変の対応もできるようになります。
いかに (How)	仕事をどのような手順や方法で進めるかを考えます。これについては、「(2) 仕事の手順」で詳しく説明します。

5 確認する

1〜4のプロセスが終わったら、指示内容を復唱して、上司や先輩に確認しましょう。

指示を単に聞いているだけではなく、復唱すること（自ら言葉を発すること）により、指示内容がより明確になり、あいまいな点があればそのことが明らかになります。あいまいな点を早めに解決しておくことにより、ミスを防ぐことができます。

(2) 仕事の手順

1 基本ルールをつかもう

自治体の業務は、住民との応対や自治体内部での文書の作成・整

理など、非常に多岐にわたっています。こうした日常の仕事は、各人が思い思いに処理するのではなく、定められたルールに従って進められます。例えば伝票の整理や帳簿の記入は、法律や条例、規則、あるいは職場ごとの手引書に基づいて行われます。

　このため、仕事を進めるにあたって、まず仕事に関する基本原則や、事務手続の基準を知る必要があります。これが「いかに（How）」の基本です。

　手引書や規程集を読み、上司や先輩に質問したりするなどして、あらゆる機会を積極的にとらえて、1日も早く仕事の基本ルールをマスターしてください。

2 前例を調べる

　公務員の仕事には、繰り返し行われるものが数多くあります。

　このような仕事の場合、前年度のファイルに目を通すことが有効です。前例は、前任者が考え、その時点で最適であると組織が決定した内容です。ファイルに保存された文書を読むことにより、仕事の流れやボリューム感、スケジュール感、ポイントが見えてきます。

　なお、長期間にわたって同様の事務処理を繰り返している場合には、なぜそのように取り扱うようになったのか、もともとの理由を確認することも大切です。

3 根拠法令を確認する

　前例と同じように処理すれば間違いないと思いがちですが、例えば、法令に改正があり、根拠条項が変わることがよくあります。こ

れに気付かず進めた場合、法的根拠が確かでない仕事を行ってしまうこととなります。

　常に最新の法令や通知で必ず確認するようにしましょう。

（3）報連相

　「報連相」は「ほうれんそう」と読みます。報＝報告、連＝連絡、相＝相談です。

　組織で仕事をしている以上、上司に、業務がどのように進んでいるか「報告」し、関係者に「連絡」し、分からないことやトラブル対処は、上司や先輩に「相談」して仕事を進めることが大切です。

　あなた一人で完結する仕事はほとんどありません。組織で仕事をするということは、あなたを含めた組織を構成する全員の仕事の状況が、組織で共有されていなければならないということなのです。

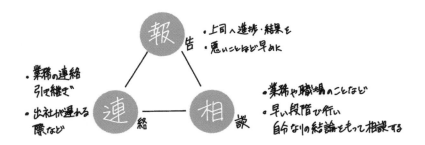

🔟 報告

① 「報告」の前に

　上司に報告する前には、ミスがないか必ずチェックしましょう。

　人は必ず間違える生き物です。「間違えているはずがない」ではなく、「間違いがどこかに必ずあるはずだ」という視点でチェック

125

をしないと誤りは発見できません。

　また、チェックは冷静な状態で行う必要があります。理想的には、１日程度時間をおいてから確認しましょう。時間がない時は深呼吸をするなど、一呼吸おいてからチェック作業に入りましょう。慎重なチェックを心掛けるには、余裕をもったスケジュールで仕事を進めることが大切です。

② 「報告」のポイント

　あなたは、仕事が完了した段階や節目の段階で、指示を受けた上司に仕事の実施状況を報告することになります。

　報告の仕方は、口頭による方法と文書による方法とがありますが、どちらの場合でも「指示の受け方」で学んだ５Ｗ１Ｈのチェックを踏まえて行うようにしてください。このほか、特に、次の４つのポイントを覚えておきましょう。

　　ア　結論を先に

　　　上司は結論を先に知りたがっています。まず、結果や結論を伝え、次に理由、それから経過や状況を説明します。

　　イ　事実を正確に

　　　正確さは、報告の最も重要なポイントです。憶測による不正確な情報は、上司の判断を誤らせます。なお、事実と意見（考え）は混同せず、事実ではなく意見を述べる際は、意見であることを断って述べるようにします。

　　ウ　タイミングよく

　　　遅れた報告は役に立たないどころか、報告が遅れたことにより問題を引き起こすことがあります。特に、悪い結果になって

しまったものほど早く、分かった時点ですみやかに報告します。報告をすることで、上司は過去の類似事例を参考に解決策をアドバイスしてくれるでしょう。そのためにも、悪いニュースほど早めに報告し、早く対策を立てる必要があります。

　エ　中間報告をする

　　長期間にわたる仕事は、途中で中間報告をします。上司としてはあなたの仕事の進捗状況が分かりますし、あなたは途中でアドバイスを受けることができます。

2 連絡

　例えば、あなたは窓口の担当者として、Ａさんから申請のあった住民票の写しの交付の対応をしているとします。住民票の写しができ、Ａさんを呼んだところ、Ａさんは財布を忘れてしまったことに気が付いたため、あなたに「財布を忘れたので取ってきます」と告げ、その場を去りました。ちょうど窓口の交代時間になったので、Ａさんの住民票の写しを引き出しに入れ、引継をしないで同僚のＢさんと交代してしまいまいた。Ａさんが戻ってきてあなたの代わりに窓口にいたＢさんに「財布を取ってきました」と告げますが、事情を知らないＢさんは状況が分からない上に、住民票の写しがどこにあるか分からず、トラブルに…。

　あなたがＢさんにきちんと伝えていたら防ぐことのできたトラブルです。

　こうした対応は、住民の不信感を招くだけでなく、職員間の人間関係をも損ないかねません。

　業務に関する連絡はきめ細かく行うようにしましょう。

3 相談

　仕事には、一定の手順に従って繰り返し行う定型的な業務もあれば、頻度はそう多くはないものの、個別に判断が必要なものもあります。

　個別に判断を要する事案にぶつかったときの注意点として、組織で仕事をしている以上、あなたの判断は、「あなた個人」ではなく、「あなたが所属する自治体」の判断となります。初めての事案や自信のない事案については、事前に上司や先輩に相談しましょう。

　この結果、相手を待たせてしまう場合があります。その場合には、判断に時間がかかることと、結論が出る時間の目安を伝えましょう。人間は、先が見えないと不安や不満を感じやすくなりますが、先が見えれば安心するからです。

（4）仕事のマネジメント・サイクル（PDCAサイクル）

　自治体の業務は継続的に実施されていますが、業務の改善を常に意識することが大切です。

　ここでは、業務の効率化に向けての代表的な取組みとして、仕事のマネジメント・サイクル（PDCAサイクル）について学びます。具体的な内容はそれぞれの業務に応じて検討されることになりますが、仕事のやり方を見直す基本的な考え方ですので、ぜひ覚えておいてください。

　まず、PDCAとは、Plan（計画）→Do（実行）→Check（評価）→Action（改善）の頭文字をとったものです。Action（改善）が終了したら、また最初のPlan（計画）に戻って循環させ、繰り返し行

うことで、継続的な業務の改善を促す技法です。

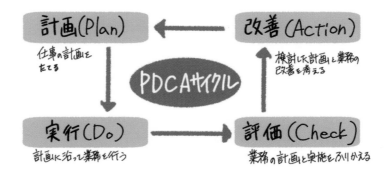

1 計画（Plan）

　最初に、仕事の内容、仕事を進める順序、手段、方法、労力、所要時間等を考えます。

　仕事は「段取り8分、仕上げ2分」といわれます。良い計画を立てることが、良い仕事につながります。計画を立てるときには、ムダ、ムリ、ムラが起きないように気を付けてください。

・仕事の目的を正しくつかみます。

・仕事全体の流れを予測し、着手から完了までの段取りを考えます。

・必要な資料を集め、調査をします。

・期限を考え、具体的なスケジュールを作成します。

・計画について上司や先輩等に理解してもらい、仕事を進めやすくしておくことも必要です。

② 実行（Do）

Planに基づいて、必要なものを準備し、それを使って実際の仕事をします。

実際に仕事を進め始めると計画どおり進まないことがあります。それはやむをえないことですし、計画どおり進まないことがあるからこそ、計画が必要であるともいえます。計画がなければ、ズレも分からないからです。ズレは早く見付けて適切な手を打って、計画の実現に向けて努力しなければなりません。

・仕事の進捗状況を随時把握します。

・進捗状況を、適宜上司に報告します。

・計画とのズレが分かったら、その原因をつきとめるとともに、上司から指示を受けたり、同僚に協力を求めたりして、適切な対応をします。

③ 評価（Check）

仕事が終わったら、仕上がり具合や数量をチェックし、手順や用具類、所要時間等を検討、反省し、その結果を上司に報告します。

仕事は完成したら終わりではありません。その業務の経験を次に生かしましょう。手順や方法をふりかえり、検討を加えて反省することが大切です。そして、改善すべき点を整理します。これを怠ると次回も同じことを繰り返すこととなり、これは組織として大きな損失です。

・独自に工夫した点は、ノウハウとして組織で共有します。

・発生したトラブルがあったとしたら、それを未然に防ぐにはどうすれば良いか考えます。

４ 改善（Action）

　検討した改善案を上司へ報告します。上司は、あなたの案を様々な視点から確認します。改善案が最終的に妥当なものとして受け入れられると、組織としての決定を経て、次からの業務改善につながります。

　あなたの改善案は、このように組織としてのマニュアルとなっていくのです。

　１つの業務で、Ｐ・Ｄ・Ｃ・Ａを無意識にできるようになると、円滑に仕事を進めることができるようになります。次の仕事の指示を受けたら、前の仕事の経験を生かして自ら行動できるようになります。Ｐ・Ｄ・Ｃ・Ａを繰り返し、自身をレベルアップさせていきましょう。

2 文書事務

　自治体は、法律や条例等に基づき住民の権利を制限したり、住民に義務を課したりするとともに、住民の福祉を向上させるために様々なサービスを提供しています。

　自治体の事務処理にあたっては、正確かつ公平に処理するだけでなく、事務の安定性、継続性を確保することが不可欠です。このような理由から、文書による事務の処理が基本となっています。

　また、文書は、住民の意思を知り、組織の中で情報を伝え、外部へ自治体の意思を表示し、これらの過程の全てを記録するという役割を持っています。さらに、情報公開制度で住民に対して公開されることで、行政の透明性を確保することにもつながります。

　一見無味乾燥に思われる文書ですが、自治体の組織を統制し、住民と自治体を結び付け、自治体の事務を進める上で重要な役割を果たしているのです。

　ここでは、自治体の仕事に切っても切れない文書事務の基本を学習しましょう。

　なお、文書事務については、自治体ごとに細かくルールが定められています。自治体ごとに文書管理規則やハンドブックが作成されていることも多いので、文書作成時に辞書的に使うと良いと思います。

（1）文書取扱いの原則

　文書の取扱いに関する事務を総称して「文書事務」と呼んでいます。

　住民の生活に深くかかわりのある自治体の事務の多くは文書によって処理されていますが、自治体で文書という言葉が指す範囲はたいへん広いものです。例えば、住民票の写しの交付を申請したことはありませんか。この場合、あなたが書いた申請書も文書ですし、交付を受けた住民票の写しも文書です。

　文書事務が的確に行われるかどうかによって、時には住民の利益に重大な影響を与えることもありますので、文書の重要性を十分認識し、取り扱わなければなりません。具体的には、次のようなことに気を付ける必要があります。

1 文書は、丁寧に取り扱うこと

　文書は住民の権利義務に関係を持つものもあり、また、文書の保存性を損なってはならないことから、丁寧に取り扱わなければなりません。机に書類が山積みになっている、といったことにならないよう心掛けましょう。

2 文書は、正確かつ迅速に取り扱うこと

　自治体が作成する文書は、住民の権利や義務に密接に関連することが多く、正確であることが何にも増して求められます。また、住民サービスの観点からはできるだけ迅速に処理することも必要です。

3 文書は、簡明かつ平易なものであること

　文書は、誰が読んでも分かるように簡潔明瞭なものとし、分かりやすい用語、用字を使用しなければなりません。言葉の遣い方につ

いても、各自治体で作成しているハンドブック等に説明があります
ので、気になったときは確認してみてください。

4 文書は、それぞれの観点から責任を持って確認すること

　文書は、後述するように、多くの人の手を経て処理されるもので
す。それぞれの立場と責任を明確に意識して文書を取り扱わなけれ
ばなりません。

5 文書の処理状況は常に明らかにしておくこと

　文書は、事務の流れの基礎となるものですから、的確に進行管理
を行い、現にどのような取扱い過程にあるのかが、担当者不在の場
合でもすぐに分かるようにしておかなければなりません。

6 文書の適正な保管・保存に努めること

　行政の安定性、継続性を保持するためには、自治体の意思表示、
処理経過等を、整理された文書等によってきちんと保存しておかな
ければなりません。これについては、文書の内容に応じた保存年限
が自治体ごとに決められています。ハンドブックを見たり、先輩に
聞くなどして、確認すると良いでしょう。

（2）文書事務の流れ

　文書事務は、その流れに従って大別すると次のように区分するこ
とができます。

1 文書の収受及び配布に関する事務

2 文書の処理（起案、供覧、回議、合議、決裁）に関する事務

3 文書の施行（公印の押印、発送又は公示）に関する事務

4 文書の管理（整理・保管、保存及び廃棄）に関する事務

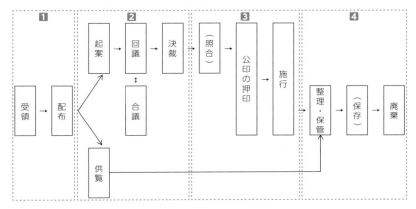

　ここでは、**1**から**4**の区分ごとに詳しく述べます。

1 文書の収受及び配布に関する事務

　文書等の収受とは、郵送等によって到達した文書の受領と、受付日等を明確にするための収受印の押印、文書管理システムへの登録等の一連の手続のことをいいます。したがって、「文書の収受」は、単なる「文書の受領」ではないことに注意してください。また、文書の配布とは、文書の主管課が受領した文書を、内容に応じて関係する各課等に配ることをいいます。

　ところで、一般に人の意思表示は、表白―発信―到達―了知という過程を経て相手方に伝達されます。表白から了知までの間には時間の差が生じますので、どの段階から意思表示の効力が発生するのかが問題となります。少し専門的になりますが、民法第97条第1項は「意思表示は、その通知が相手方に到達した時からその効力を生ずる。」と規定し、到達主義の原則を採ることを明らかにしていま

す。ここでいう「到達」とは、客観的に相手がその意思表示を了知できる状態になること、と解されており、郵便物による意思表示を例にとるならば、その郵便物が郵便受箱に入ったときに到達の効力が発生します。

　郵便は毎日配達されます。申請書を郵送した住民からすれば、迅速な対応を期待しているわけであり、中には、住民の権利義務に直接関係するものもあります。そのため、到達から収受に至る手続を速やかに行わなければなりません。

2 文書の処理（起案、供覧、回議、合議、決裁）に関する事務

　「文書の処理」とは、その自治体の意思決定を文書によって行う一連の手続の総称です。具体的には、起案から、審査及び審議（回議、合議を含みます。）を経て決裁に至るまでの一連の手続や供覧といった手続のことです。文書の処理は、収受した文書に対して行うこともあれば、自治体の施策の基本方針の策定のように自治体の発意に基づいて行われることもあります。

①起案

　起案とは、自治体の意思を決定するために、原案を作成することをいいます。

　自治体が処理すべき事務は広範囲にわたり、しかも専門的な知識を必要とするものとなっています。したがって、課長・部長等の決裁権者がその権限に属する事務の全般にわたって、自ら原案を作成し意思決定をすることは困難です。

　そこで、それぞれの事務についてこれを専門的に分担する職員が

置かれ、これらの職員が原案を作成し、回議や合議を経て決裁権者の決裁を得るという方式がとられています。このような方式を、りん議方式といいます。

②回議及び合議

　起案文書は、上司による内容の確認及び同意を経て、最終的に決裁権者（課長、部長等）の決裁を受けます。また、事案によっては関係のある部課長等の同意を得ます。これらの手続のうち、起案者の所属する上司の決定を受ける過程を「回議」、関係する他の部課長等の同意を得る過程を「合議」といいます。

　回議は、担当の係長、主査等から始め、順次所属上司に回付します。合議は、事案に最も関係の深い課から順に行います。

③決裁

　決裁とは、回議及び合議を経た起案文書について、意思決定権を持つ決裁権者が最終的に意思決定をすることをいいます。

　決裁権者は、本来は自治体の長である市町村長ですが、全ての業務の事務処理について決裁することは、非能率的であることから、意思決定すべき内容の軽重に応じて、部長や課長等に委任されています。誰にどのような権限が委任されているかについては、「事務専決規程」や「決裁規程」と呼ばれる自治体の規則で決められています。なお、回議をするとき、誰まで回せば良いのかについても、この規則によって決められているので、迷ったときには、この規程を確認しましょう。

④供覧

　収受した文書について特に意思決定を必要としない場合に、上司等に回覧することを供覧といいます。

3 文書の施行（公印の押印、発送又は公示）に関する事務

　文書の施行とは、決裁により内部的に決定された事項を自治体の意思表示として相手方に伝えるための一連の手続をいいます。決裁は、あくまで内部的な手続であり、意思決定された内容は、文書が施行されて初めて外部に対する効力を持つことになります。

　具体的には、決裁文書に必要に応じて公印を押し、郵送等によって相手方に伝達することになります。近年では、パソコン等で文書を作成し、それを印刷することが当たり前ですが、かつては浄書と呼ばれるタイプライターによる清書が行われ、この段階で文書の最終チェックが行われていました。現在では、このような手続はありませんが、決裁した文書と最終的に発送する文書の内容に齟齬がないか、照合・確認することは大切なことなので気を付けてください。

①公印

　公印とは、公務上作成された文書に使用する印章及びその印影をいいます。公印は、それが押印された文書が自治体の意思によるものであり、かつ、真正なものであることを認証し、自治体がその内容について責任を負うことを明らかにするものです。

　なお、近年では、事務の効率化のために公印省略とすることもあります。

②発送

　発送とは、郵送等の方法によって相手方に文書を送付するための手続をいいます。文書を発送するときは、迅速かつ正確な処理を図るとともに、最も適切な送付手段を選択するようにしなければなりません。

　封筒のあて先と封入する文書の相手方とが異なる誤送付は、最も初歩的で頻発するミスであり、個人情報の漏えいにつながります。また、近年では電子メールによる発送も行われています。個人情報を含んだファイルを誤って送付しないなど、十分注意してください。

③公示

　公示とは、行政機関等が一定の事項を広く住民に周知させる行為をいいます。具体的には、自治体の公報に掲載するとともに、掲示場に掲示することにより周知が図られます。

4 文書の管理（整理・保管、保存及び廃棄）に関する事務

　文書の管理とは、自治体内部で文書を作成してから、様々な形で利用された後、最終的に「廃棄」されるまでの全ての過程において、適切に管理する仕組みをいいます。

　文書には、自治体の意思や事実を確実かつ普遍的に伝達する機能、事務の参考資料や訴訟等の証拠資料としての記録機能、また、歴史的資料や住民共有の財産として後世に残すような保存機能といった機能があります。

①文書の整理・保管

　適正な文書管理とは、このような文書の機能の有効な活用を図るため、文書をきちんと整理分類し、必要な文書を必要なとき誰にでもすぐに取り出せるようにしておくことです。

　従来、文書管理はともすれば、自治体の事務事業のための利用が優先して考えられていました。しかし、文書管理は、情報公開に的確に対応し、住民に対する説明責任を全うする上で必要不可欠なものであることから、その重要性はますます高まってきています。

　「必要な文書を必要なとき誰にでもすぐに取り出せる」状態とするため、次のようなことに留意しましょう。

ア　全職員が文書管理について十分理解し、参加すること。

　　文書を取り扱うのは個々の職員であることから、文書管理の必要性及び目的を全職員が十分理解するとともに、自覚と責任をもって文書管理にあたることが必要です。

イ　全職員が決められたことを守ること。

　　文書を正しく分類し、事務室等の定められた場所に順序だてて並べましょう。些細なルールであっても、決められたことは、必ず守りましょう。電子ファイルもルールに従って保存しましょう。

ウ　文書を絶対に「私物」化しないこと。

　　職務上作成し、又は取得した文書、いわゆる「公文書」は、全員が利用できるよう、決められた場所に保管しましょう。

エ　捨てる習慣を付けること。

　　文書を計画的に捨てることも文書管理の一つの機能です。保存年限を経過した文書のうち、必要な文書をよく厳選して保管し、その他の文書は適切に廃棄して、保管スペースを効率的に活用し

ましょう。

②文書管理の対象

　職員が職務上作成し、又は取得した文書が、文書管理の対象となります。具体的には、次のような文書をいいます。

・決裁文書、供覧文書等（未完結文書も含みます。）

・帳簿、伝票、台帳、カード、電算出力帳票等の帳票類

・都市計画図、設計図、写真等の図面類

・執務参考資料、会議資料等資料類

　また、電磁的記録（電気的、磁気的その他人の知覚によっては認識できない記録）も、職員が職務上作成し、又は取得したものであれば、管理の対象となります。したがってこれらの電磁的記録も文書に準じて管理しなければなりません。

③文書の廃棄

　保存期間が経過した文書は、原則として廃棄しますが、自治体の文書には個人情報等が多く含まれるため、シュレッダー、溶解等、定められた手段で廃棄します。

　なお、保存期間が経過した文書でも、その時点で、現に監査、検査等の対象になっているもの、現に係属中の争訟に係るものや現に開示の請求の対象となっているもの等については、自治体の規則等に基づき保存期間が延長される場合があります。

141

5 文書管理・電子決裁システムの導入

　以上のように、自治体の意思決定は、これまでは紙の文書に基づいて行われてきました。これに対して近年、多くの自治体では、業務の効率化の観点から、デジタル技術を活用して、文書の作成から起案、決裁、施行、保管・保存及び廃棄までを一体的に運用できる文書管理・電子決裁システムが導入されています。

　電子決裁システムは、供覧や課内の報告、復命など、発送の必要がないものや、旅費の計算等の定型的な文書事務についてはきわめて有効で、決裁行為の迅速化、ペーパーレス化の促進等が期待できます。他方で、複雑な案件で説明を要するものや多くの資料を添付する決裁については、必ずしも使い勝手が良いとは言えません。

　しかしながら、このような制約はあるものの、文書管理における保存スペースの問題や事後の検索の容易性など、電子化するメリットは大きく、今後も電子決裁システム等の導入は進んでいくでしょう。それに応じて文書事務についても、変化していくことが予想されます。

（3）文書の作成（公用文作成の心構え）

　公用文を作成するにあたっては、相手方に自治体の意思や事実を正しく伝えることを意識することが重要です。具体的には、次の点に注意してみましょう。

■1 内容が正確であること

　公用文では、相手方に伝えようとすることが、正確に表現されていることが最も重要なことです。あいまいな表現をしたり、文章の初めと終わりとで内容がつながっていなかったり、重要な事項の記述が漏れていたりしたのでは、相手方の誤解を招き、混乱させる結果となります。

> **POINT**
>
> ①誤解を招くおそれのない言葉を用いること。
>
> ②必要事項（５Ｗ１Ｈ）を漏らさず記載すること。
>
> ③論理的な文章とすること。
>
> ④主語と述語が正しく対応していること。

2 簡潔であること

正確性を期すあまり、留意事項を含めて一つの文で書いてしまい、その結果、非常に読みにくい文章となってしまうことがあります。

POINT

①一文は適度に短く、簡潔に書くこと。

・安易に文をつなぐことは避け、「が」や「ので」等の接続助詞を一つの文の中で重ねて使わない。

・内容によっては、箇条書き等の工夫も有効。

②修飾語は、できるかぎり簡潔なものとし、修飾関係が明確になるよう、修飾される語句の直前に置くこと。

3 分かりやすいこと

公用文は、相手に理解してもらわなければ意味がありません。しかし、法律用語や専門用語が多用されたり、「お役所ことば」といわれる独特の言い回しや「片仮名語」の表現が使われたりすることから、公用文は分かりにくいと言われることがあります。

POINT

①できるだけ日常使用している言葉や表現を用いること。

②理解しやすい構成を持つ文章とすること。

③主語や述語を省略しすぎないようにすること。

④必要に応じて注釈を入れたり、図表やグラフを用いたりすること。

Ⅱ　先輩からのワンポイントアドバイス

1 資料の作成

　公務員の仕事は文書で行うことが基本です。ただ、文字だけで説明しようとすると、文章が長くなり、また、説明も分かりにくくなりがちです。自治体の内部での説明資料は、大学時代のレポートのような文字を中心としたものではなく、図表等を活用して、コンパクトに説明するものが求められます。

　そこで、資料作成にあたって注意すべきことを学習します。

（1）資料作成の前提

　自治体の事務処理は、現在ではパソコンを使って行うことがほとんどです。

　パソコンの入力はキーボードが中心ですから、まずは、キーボードによる日本語入力に慣れておきましょう。

　職員の素養として、パソコンで文書や図表を用いた集計資料を作成できることは当然の前提になっています。したがって、入庁までに、文書作成ソフトで文書を打つことができる、表計算ソフトで簡単な図表を作成することができるレベルに達していることが望ましいといえます。

　さらに、表計算ソフトの様々な機能を使いこなしたり、データベース管理ソフトやプレゼンテーションソフトも知っていると職場

で重宝されます。「芸は身を助く」です。

（2）５Ｗ１Ｈを意識する

　資料は、５Ｗ１Ｈを意識して作成します。

　５Ｗ１Ｈについては、Ⅰ 1 仕事の進め方（１）指示の受け方
（123頁）で説明しました。

　例えば、税務課の資料を作成する場合、

・When＝何年度分の資料なのか

・What＝申告件数、調定額、納税額、徴収率はいくらか

・Why＝前年度と比較して増減があればその理由は何か

等を記載します。

（3）図表を活用する

　自治体の資料には、数字が多数出てきます。数字は、文章にする
と分かりづらい一方で、表にすると分かりやすくなります。

　税務課を例にとると、次のような表ができます。

	申告件数	調定額	納税額	徴収率
令和４年度	9,500件	1,330百万円	1,303百万円	98%
令和５年度	10,000件	1,400百万円	1,358百万円	97%

　この表からは、令和４年度と５年度を比較すると、申告件数、調
定額及び納税額は増えているものの、実は徴収率は下がっているこ
とが分かります。

　さらに、例えば、経年変化などを説明するときには、数字の表だ
けではなく、グラフに図示することが有効です。説明のポイントが
一目瞭然になることもあります。

（4）1枚ベスト（ワンベスト）

　上司が全ての資料に目を通すことは、物理的に困難です。また、上司に説明するにあたって、資料のあちこちを参照するとそれだけで時間がかかってしまいます。

　そこで、概要やポイントを1枚にまとめることをお勧めします。5Ｗ1Ｈを意識し、図表を活用しながら、分かりやすい資料を作成しましょう。このような資料を作成することにより、実際の説明の流れもスムーズになります。

2 悪質なクレームへの対応

　自分としてはきちんと仕事をしているつもりでも、仕事の対応について住民から批判的な意見＝いわゆるクレームを受けることがあります。クレームは、自治体の業務に対する意見と、不当な要求や嫌がらせによる直接的な金銭の要求や不当な便宜供与を目的とした行為（悪質なクレーム）とに大別されます。また、はじめは通常の指摘であったものが、職員がその対応を誤ることで、悪質なクレームに変質してしまう場合もあります。

　第2章Ⅱ 5 クレームに遭遇したら（67頁）では、一般的なクレーム対応について、接遇の要素を中心に説明しましたが、ここでは、より悪質なものへの対応について説明します。

（1）悪質なクレームの代表例

　悪質なクレームの具体例としては、次のようなものがあります。

①要求の実現を図るために行われる暴力、脅迫その他社会常識を逸脱した行為

　例・暴力を振るって、許認可を求める。

　　・窓口で大声を出して威嚇し、書類の受理を求める。

　　・要求を聞き入れないと、「告訴する」「報道機関に話す」等と脅す。

②庁舎等の保全、秩序の維持に支障を生じさせる行為

　例・庁舎内に座り込み、業務を妨害する。

　　・要求が通らないことに不満を抱き、庁舎内の備品を破壊する。

③その他不当に職員の職務の遂行に支障を生じさせる行為

　例・長時間窓口に居座り、事実上職員を拘束する。

　　・毎日のように電話してきて、長時間同じことを繰り返し話を
　　　する。

　①～③の切り口とは異なりますが、いったん暴力等の威圧に屈し
て、適切でない便宜供与等を図ってしまった場合、それを理由とし
て、さらなる不当要求が繰り返し行われることもあります。

（2）悪質なクレームへの対応の心得

　悪意のある誹謗中傷がなされたり、話が堂々巡りになったりした
ら、悪質なクレームの可能性があります。この場合、合理的な説明
は通じません。悪質なクレームに対しては、法的対応（退去命令、
警察への通報）も念頭に置いて、対応していく必要があります。

　悪質なクレームを受けることとなるのは、あなたかもしれません
し、あなたの同僚かもしれません。それを前提に、あなたに心掛け
ていただきたいのは次の4点です。

①多くの自治体では、「不当要求対応マニュアル」が作成されてい
　ます。まずは、あなたの自治体のマニュアルを確認し、組織の一
　員として定められた行動がとれるようにしておきましょう。

②あなたが悪質なクレームに遭遇したら、相手から暴力を振るわれ
　てけがをしないよう、相手との間に距離を保ち、身の安全を図っ
　てください。また、一人で対応してはいけません。相手より多く
　の人数で毅然として対応することが大切です。

③悪質なクレームに対応している職員に気が付いたら、

　・相手より多くの人数で一緒に話を聞く（組織的対応）

・状況やどのくらいの時間つかまっているかなどを先輩や上司に
　知らせ、助けに入ってもらう

などの行動を起こしましょう。

④悪質なクレーマーは、同一案件や継続案件について、何回も訪問
　してくることがあります。この場合、相手の言いがかりを防ぐた
　めに、過去の対応を知っておく必要があります。悪質なクレーム
　があったらその対応記録を残し、課や係（班）全体で情報共有し
　ておく必要があります。最終的に、警察に助けを求めることに
　なった場合にも、過去の記録は必要となります。

　悪質なクレームに遭遇したときには、絶対に一人で抱え込まない
ようにしてください。同僚や上司と状況の認識を共有し、組織にお
いて明確な対応方針を定め、がっちりとスクラムを組んで対応しま
しょう。繰り返しになりますが、仕事は職員個人の責任で行うもの
ではなく、組織の一員として行うものであることを踏まえ、組織一
丸となって対応することを心掛けてください。

3　スケジュール管理のコツ

　はじめは、あなたの仕事のスケジュール管理は、上司や先輩が行ってくれるはずです。

　しかし、社会人になったわけですから、徐々に自己管理が求められます。スケジュールを自ら管理できるようになって、一人前といえます。

　スケジュール管理のちょっとしたコツを見てみましょう。

（1）　3往復のスケジューリング（企画立案のスケジューリング）

　新任職員であるあなたに、企画立案的な仕事が任されたとしたら、それは、上司や先輩が、あなたの能力に期待している証拠です。しかし、残念なことに、あなたが作成する第一案が、無修正のまま成案となることはまずありません。上司や先輩は、これまでの経験を踏まえ、また、あなたの意見も確かめながら、より良い案に練り上げてくれるはずです。第一案は、いわば「叩き台」となって、どんどん手が入っていきます。

　それならば、初めから上司や先輩が企画立案すれば良いのではないかと思われるかもしれません。実は、上司や先輩は、企画立案の機会を捉えて、あなたを鍛えているのです。そして、これは上司や先輩も、かつて通ってきた道なのです。

　あなたが第一案を提出してから、成案が得られるまでの間には、上司や先輩によるやり直しの指示が少なくとも2回はあるものと考えましょう。すなわち、企画立案のスケジュールを立てる場合には、上司や先輩とのやり取りが合計3往復はあるものと覚悟して、

余裕を持ったスケジュールとしましょう。

（2）1日の中でのスケジューリング

　誰しも午前中は頭脳が明晰ですが、午後になると疲労してきます。そこで、例えば、企画立案的な業務を午前中に行い、単純な業務を午後に行うようにスケジューリングすると有効です。

　また、他の課の職員へ依頼しなければならないことがある場合、相手方も午後には疲労が蓄積してきますし、その日のうちに終えるべき業務が遅れている場合、こちらの依頼を快く受けてもらえない可能性もあります。そこで、他の課の職員への依頼も、なるべく午前中に行う方が効果的です。

　さらに、午前・午後という2分法ではなく、10時半まで・12時まで・15時まで・17時までのように1日を4分割して業務を割り振ると、より緊張感が生まれるとともに、小さな目標達成を繰り返すことで業務が円滑に進みます。

　こうしたことを踏まえた上で、その日1日の使い方をイメージしながら出勤すると、効率的に業務に取り組むことができます。

59歳の独り言

　30数年前、新規採用職員としてとある施設に配属された私は、とても鼻っ柱の強い人間だったと思う。私は、ぺいぺいのくせに、先輩方の優しいおだてにも乗せられて、大事な仕事を任された優秀な職員なんだ！と勝手に思い込んでいた。

　でも、そんなにも高々だった私の鼻を、ポキンと折られる事件があった。これまた優しい先輩に誘われて、参加したとある学会の大会に行ってみると、私くらいの文章書きや会議の取りまとめをする人は、ごまんといたのだ。そして、私が決して追いつけないような人も数多くいて…井の中の蛙だったことを思い知らされた。

　そういう人たちは、幅広い情報や知識を持っていて、それらを個別に表現できる、個々の問題の解決に活かせるということだけでなく、それらを自分の中で噛み砕いて考え合わせ、自分の進むべき方向を見つけていた。その事件から20年以上経つけれど、広い視野を持つことによって、政策や方針といったものにまとめていける能力は、職員が減少して余裕が少なくなってきている今だからこそ、備えておくべき大事なものだと信じている。

　上の人の指示には従わなくてはいけないから、指示は仰がねばならない。でも、何か問題にぶつかったとき、やみくもに指示を求めるだけで良いのだろうか？　私は、その場面で本当に必要なことを自分なりに考えてみることを怠ってはいけないと思う。

　そして、もし上の人と意見が食い違ったとき、議論に乗ってきてもらうためには、ちょっとした戦略が必要だ。上の人の中には、下からの意見を快く思わない人もいるので、引いたり押したり、いろんな事

153

例を出してみたり。それを支えるのが、いろんな情報を得られる、人と人とのネットワークだと思う。今の職場は余裕が少なくなっているかもしれないけれど、このあたりのことは覚えておいてくれるとうれしいなぁ。59歳の一職員の独り言でした。

　　（令和２年５月現在）堺市職員、自治体学会副理事長　前川さゆり

第5章
押さえておくべき制度

　この章では、自治体職員として、法律的な観点からしっかり理解してほしい2つの制度について説明します。1つ目は、自治体職員の身分関係を定めた地方公務員制度であり、2つ目は、あなたの職場である自治体について定めた地方自治制度です。

Ⅰ　職員の身分に関する制度（地方公務員制度）

１　地方公務員制度の基本理念

　地方公務員法は、皆さんの身分や人事上の取扱いなど、公務員についての基本事項を定めた法律です。その内容を詳しく紹介する前に、地方公務員制度の基本理念について説明します。これは、地方公務員制度がよって立つ基本的な考え方であり、これが法律として具体化されたものが地方公務員法ということもできます。

　なお、この章では主に、皆さんのような一般職の地方公務員（職員）について適用される制度を中心に説明します。

（1）公務員は全体の奉仕者であること

　地方自治法には、「地方公共団体は、住民の福祉の増進を図ることを基本とする」と規定されています。この目的の達成を仕事として行うのが地方公務員です。

　一口に住民の福祉といっても、その実現のために自治体は、教育、保健福祉、文化、経済、まちづくりなど、驚くほど多岐にわたる業務を担っています。そして、職員には、時代の変化に追随しながら、適切な行政運営を行うことが求められています。

　このときに忘れてはならないのが、公務員は特定の人や団体のために仕事をしているのではないということです。全ての人に対して、同じように接することは、時に融通が利かない、役所仕事などと揶揄されることもあります。また、近年では、ハードクレーマーと呼ばれるような、何とか自分の言い分を通そうとする住民と向き合うこともあります。しかし、住民の意思があらゆる場合において優先されるわけではありません。

逆に、自らの言い分を声高に主張する住民に迎合してしまえば、特定の人の利益のために働いたことになってしまい、それ以外の多くの住民の信頼を裏切ることにもつながります。全体の奉仕者であるということが、公務員の仕事の根本であるということを忘れてはいけません。

（2）公務員も勤労者であること

どの自治体でも、「住民の福祉の増進」のために、いかに住民サービスを向上させるかに心を砕いています。また、役所は最大のサービス産業である、あるいは、公務員は住民に奉仕することが使命であるという言葉を耳にしたことがあるかもしれません。

公務員の仕事は、その本質が民間企業とは異なるので、一律にこうした考え方が適切とは言えませんが、公務員の仕事の一側面を表しています。

しかし、一方では、民間企業の社員と同様に、公務員もまた報酬を得て労働に従事する勤労者であることも忘れてはいけません。

近年、仕事とプライベートを上手に調和させ、個人の人生を有意義に過ごすために、ワークライフバランスの重要性が注目されていますが、これは公務員についても当てはまります。

公務員だからといって、私生活を顧みずに無制限に働くことは、こうした理念にも反することになります。

皆さんも業務については自分の職責を果たし、仕事を充実、向上させる意識を持つと同時に、プライベート面も、一人の人間として充実させるという観点も忘れないようにしてほしいと思います。

また、後に説明するように、公務員は、その仕事の性質から民間企業の従業員とは異なり、労働者としての権利の一部に制約がありますが、それは公務員の特性から必要とされるもので、このような制約は法律の根拠に基づいています。

（3）公務に従事する機会は平等に公開されるべきであること

　自治体の業務は、究極的には、住民の福祉の増進という大きな目的のもとに行われています。そして、実際にその業務を担う公務員に就職する機会は、住民全体に開かれていなければなりません。誰でも意欲と能力のある人に対しては、公務を担うことについてのチャンスが与えられるべきなのです。

　また、こうしたオープンかつ公平な姿勢は、公務を志す優秀な人材の確保にもつながることから、地方公務員法第13条でも「すべて国民は、この法律の適用について、平等に取り扱われなければならない」と規定されています。

（4）政治からの中立性を確保すること

　民主主義の社会においては、公の仕組み、社会のルールは議会の議決を経て、法律や条例等の立法によって作られています。どのような価値観に基づいて立法を行うかは政治の領域ですが、その価値観は、人によって異なります。だからこそ、これにかかわる議員を、選挙という仕組みにより選出することで、公平性を担保しています。

　一方、公務員は選挙で選ばれるわけではありません。したがって、立法で決められたルールをいかに中立的に執行するかという点が大変重要です。

　もし、たまたま公務員となった人の考えによって、制度が不適切に執行されたり、ゆがめられるようなことがあっては、民主主義の根本が揺らいでしまいます。

　それゆえ、公務員は政治からの中立性を維持することが求められます。これは、地方公務員法に、政治的行為の制限として規定されています。それは公務員となった人の権利の一部を制限することになりますが、公務員の仕事の性質上必要なこととして、法律に定められているのです。

　また、組織として政治的な中立性を保つ仕組みも設けられています。例

えば、自治体の人事に影響を及ぼす人事委員会の構成員が特定の政党に偏ってはいけないといったルールもその一つです。

（5）公務能率の向上を図ること

　どのような組織でも、その構成員が組織の目的の達成に向かって努力するのは当然のことであり、それを自治体に当てはめたものが地方公務員法に定められている「公務能率の向上」といえます。自治体の場合は、組織の目的、対象が広く住民全般に及んでおり、組織目的の追求が幅広い公益の増進につながる点は民間企業と異なっていますが、最小の経費で最大のパフォーマンスの実現を目指すという点では、共通しています。

　このような組織目標の実現のためには、その構成員一人ひとりの力が十分に発揮されることが重要です。

　ですから、公務能率の向上においては、組織としての自治体の効率のために、皆さん自身が業務を推進するための十分な実力を養い、その力を発揮することが期待されています。

　また、職員個人にとっては、人生の相当部分を公務に充てることになります。それが、個人にとって有意義なことであれば、組織にとっても、職員個人にとってもプラスとなります。

　このような組織と個人のかかわりの点から仕事をとらえる考え方も近年注目を浴びるようになってきています。そうした意味では、公務員としてのキャリアの中で様々な業務を経験するとともに、その中で自分の得意なこと、好きな分野を見つけて深めていくことも、大切なことです。

　若いうちから、こうしたことを意識することは難しいかもしれません。しかし、異動等の節目ごとに、自らの業務経験を振り返ってみたり、自分の知識を点検してみることは、とても良いことだと思います。

2 職員の種類

（1）地方公務員の範囲

　地方公務員法では、地方公務員とは「地方公共団体のすべての公務員をいう」と規定され、その範囲はかなり広いものです。具体的には、自治体という法人に勤務する人には、試験で採用された人も、首長のように選挙で選ばれた人も含まれます。また、パートタイマーの職員や審議会等の委員のように、常勤でない人も地方公務員に該当します。

（2）一般職と特別職

　地方公務員法では、まず、地方公務員を一般職と特別職の2つに分類しています。

　代表的な特別職としては、市町村長や議会の議長のように、住民の選挙や議会の議決によって選ばれる職があります。また、地方自治法等に基づいて設置される委員会の委員や、生徒の健康診断を行う学校医等のように、特定の専門知識を活かすことを前提とした職もこれにあたります。

　地方公務員法では、上記のような職を特別職として示し、それ以外の全ての職を一般職としています。具体的には、採用試験に合格して採用される職員をはじめとして、採用試験なしで、一時的に雇われる非常勤の職員も、同じ一般職になります。

　一般職と特別職の大きな違いは、地方公務員法の適用の有無です。すなわち、一般職には地方公務員法が適用されますが、特別職には原則として、地方公務員法の適用はありません。したがって、特別職には、公務員としての身分保障もなく、勤務条件や職員としての権利や義務についても地方公務員法の規定が適用されないなど、一般職とは大きな違いがあります。

（3）常勤職と非常勤職

　地方公務員法には、直接の定義はありませんが、働き方の形態によって、常勤職と非常勤職に分類されます。常勤職は、相当の期間にわたって、常時勤務を要する職で、採用試験を経て採用された職員のほか、市町村長のような特別職であっても、常時勤務をする職はこれにあたります。

　これに対して、非常勤の職員とは、①業務の繁忙期等に一時的に雇用されるパートタイマーのように1日あたりの勤務時間が短い職員や、②高齢者の見守り活動等を行う民生委員や災害発生時等の決められたときだけ活動する消防団員等のように毎日勤務をしなくても良い勤務体系の職員を言います。

（4）非常勤職員に関する制度改正

　非常勤職員が、一般職に属するか、特別職に属するかについては、従来、必ずしも明らかではありませんでした。そのため、同じ職種や働き方でも自治体によって、一般職と特別職の区分が異なっている場合があるなど、運用面でのあいまいさがありました。そこで、地方公務員法の改正により、非常勤の一般職として、地方公務員法第22条の2に「会計年度任用職員」という新しい区分を定め、非常勤職員の取扱いについて制度の運用が厳格化されたところです。

表　地方公務員の種類

	特別職	一般職
常勤	市町村長、議長、公立病院や公営鉄道の管理者等	採用試験を経て採用される職員
非常勤	委員会の委員、学校医、民生委員等	会計年度任用職員*、消防団員等

＊会計年度任用職員は、毎日フルタイムで勤務しても非常勤職員と位置付けられます。

1 非常勤の職についての判断基準

　これから説明することは、非常に理念的な話で、難しいと思いますので、おおまかに全体像をつかんでいただければOKです。

　会計年度任用職員の制度の導入に際して、「職」の概念が整理されました。具体的には、地方公務員の職を次の2つの基準に従って分類し、それぞれの職に就く職員について、任用の根拠の明確化や勤務条件の統一的な取扱いが図られることになっています。

①従事する業務の性質に関する要件

　相当の期間任用される職員を就けるべき業務に従事する職であること。

②勤務時間に関する要件

　フルタイム勤務とすべき標準的な業務の量がある職であること。

2 常時勤務を要する職

　1に掲げた①及び②の要件をいずれも満たす職です。この職に就く職員が、いわゆる常勤職員になります。

　任期の定めのない常勤職員（地方公務員の育児休業等に関する法律に基づく育児短時間勤務職員を含む。）のほか、任期付職員、再任用職員、臨時的任用職員が該当します。

3 非常勤の職

　2常時勤務を要する職以外の職のことをいい、従事する勤務の性質によって、①短時間勤務の職と②会計年度任用の職に分けられます。さらに、②会計年度任用の職は、標準的な業務の量によって、フルタイムの職とパートタイムの職に分けられます。これらの職に就いている職員が、いわゆる非常勤職員になります。

①短時間勤務の職

　1に掲げた①の要件を満たし、かつ、②の要件を満たさないものをいいます。予め決められた期間のみ任用される任期付短時間勤務職員や定年退

職した常勤職員が任用される再任用短時間勤務職員が該当します。

②会計年度任用の職

　■に掲げた②の要件を満たし、かつ、①の要件を満たさないものを「フルタイムの会計年度任用職員」と、■に掲げた①及び②の要件のいずれも満たさないものを「パートタイムの会計年度任用職員」と呼びます。

図　会計年度任用職員制度導入後の「職」の概念の整理

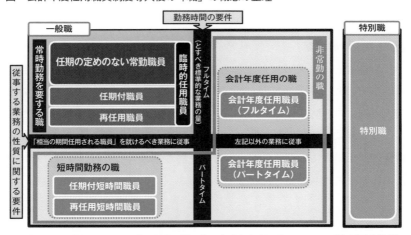

（出典：総務省「会計年度任用職員制度の導入等に向けた事務処理マニュアル（第2版）」抜粋）

3 人事機関

（1）人事機関の種類

　人事機関とは、自治体における人事についての権限をもつ機関のことをいい、地方公務員法では、任命権者と、人事委員会・公平委員会が規定されています。

（2）任命権者

1 任命権者の種類

　任命権者とは、職員に対する人事上の権限を行使する者で、具体的には、市町村長、議会の議長、選挙管理委員会、代表監査委員、教育委員会、市町村の消防長等です。

　このように、任命権者は、1つの自治体の中に複数存在しています。任命権者は配属先によって異なっており、辞令等の人事上の行為も、それぞれの任命権者の名前で行われます。

2 任命権者の権限

　任命権者の権限は、職員の採用を行うなどの任用のほか、人事評価、異動、懲戒など、幅広いものです。これらの権限は、昇任等の評価を通じて職員のモチベーションに影響するほか、適材適所の人事配置を通じて、市町村の組織としての効率にもかかわってきます。それだけに、市町村の組織の根本にかかわる重要なものであり、適切な権限の行使が大切になってきます。

3 任命権者間の調整

　このように任命権者の権限は非常に大きく、1つの自治体の中で、人事に関する取扱いがあまりに違っていては組織運営上、支障が生じます。そこで、地方自治法では、市町村長が、教育委員会や人事委員会等の執行機

関に対して職員定数や職員の身分取扱について、勧告する権限を持つとともに、執行機関はこれらの設定や変更にあたって、市町村長に協議しなければならないと規定しています（地方自治法第180条の24第2項）。

（3）人事委員会と公平委員会

1 設置の基準

　人口規模の大きな自治体においては、公平委員会と比較して幅広い権限を持っている人事委員会を設置することとされています。

　具体的には、以下のとおりです。

① 都道府県と指定都市は、人事委員会の設置が義務付け

② 人口15万人以上の市と特別区は、人事委員会と公平委員会のどちらか選択して設置する

③ それ以外の自治体では、公平委員会を設置する

　ただし、規模の小さな自治体等では、他の自治体と共同で公平委員会を設置したり、ほかの自治体の人事委員会に事務を委託したりすることもできます。

表　人事委員会・公平委員会の設置基準

区分	設置すべき人事機関
都道府県、指定都市	人事委員会
人口15万人以上の市、特別区	人事委員会又は公平委員会
その他の市町村	公平委員会

2 人事委員会・公平委員会の組織

　人事委員会と公平委員会は共に合議制の組織で、委員の定数は3名、任期は4年の特別職の地方公務員です。人事委員会の委員は、非常勤又は常勤ですが、公平委員会の委員は非常勤とされています。

　これらの委員は、人事上の制度について、強い影響力を持つため、人事に関して識見の高い者であることはもちろん、行政運営に政治的な影響が

及ばないよう、3名のうち2名が同じ政党に属してはならないこととされています。

3 人事委員会の役割

　人事委員会は、人事に関して中立的な組織として、必要な調査や勧告を行うほか、職員の採用試験等については自らが行うなどの権限を持っています。これらの権限は、「行政的権限」「準司法的権限」「準立法的権限」の3つから構成されています。

① 　行政的権限

　多くの職員に直接的に関係する権限が、この行政的権限です。具体的には、職員採用の競争試験の実施、人事評価に関する勧告や、給与・勤務条件に関する勧告の実施等です。

② 　準司法的権限

　この権限は、任命権者と職員の間で、人事上の扱いについて紛争が起きたときの裁定を行うためのものです。例えば、任命権者が、職員が、けがや病気等のために、公務員として勤務に耐えられないと判断して、免職等

の不利益処分を行ったとき、職員は人事委員会に不服申し立てを行うことができます。こうした場合には、人事委員会が任命権者の処分が適切であったかどうかを審査、判定し、必要な措置をとるよう任命権者に勧告します。

③　準立法的権限

　職員の初任給や昇格・昇給の基準など、人事委員会の権限に属する事項に関して、人事委員会規則を定める権限です。

4 公平委員会の役割

　公平委員会は、人事委員会の権限のうち、主に、②準司法的権限にあたる部分を所管しています。ただし、条例で定めた場合は、職員採用の競争試験の実施に関する業務を行うことができます。

4 任用

（1）任用の意義と種類

　「任用」とは、公務員独特の用語で、ある人をある公務の役職につけ、その仕事をしてもらうことで、地方公務員法では次の4種類が定義されています。

採用	公務員でない人を公務員として、ある職につけることを指します。その際は、原則として競争試験を行い、広く有能な人材を求めることとしています。
昇任	採用後に様々な職務上の経験を積み、より高度な仕事を任せられることになったときに、より上位の職につけることを言います。
降任	現在の職位よりも低い職につけることです。例えば、病気等の理由で、現在の職務を全うできない場合等に行われます。降任は、実務上は人事部門の判断により行われてきましたが、最近では、本人の申出により実施する制度を持っている自治体もあります。
転任	現在の職と同等である別の職につけることで、昇任でも、降任でもない人事異動がこれにあたります。

　地方公務員の人事制度上の特徴として、担当する職が変わる異動が数年ごとにあります。自治体が行っている業務は、驚くほど多種多様です。そのため、異動の際には、別の会社に転職したのではないかと思えるほどの違いを感じることもあります。異動を重ねることにより、複数の異なる業務を経験することで、職員としての汎用的な能力を磨くとともに、その中から自分に合った種類の業務をみつけるということも、職員としてのキャリアの中では大切です。

（2）条件付採用

　職員の採用は、臨時的任用や非常勤職員の任用の場合を除いて、全て条件付のものとし、職員がその職において原則として6か月勤務し、その間その職務を良好な成績で遂行したときに、初めて正式な採用となります。

　これは、採用試験などに合格することで一定の能力があることは立証さ

れていますが、実務に即した能力や資質が備わっているかどうかは実務を行った上で確認する必要があるからです。

　実際には、この期間の終わりに上司が、職務の遂行状況や公務員としての適性等を評価し、人事部門が正式採用を決定します。自治体によっては、論文を課したり、面接を行ったりする場合もあるようです。

　この期間中に、自動車事故を起こしたり、飲酒運転で摘発されたりするなど公務員としてふさわしくない行為があると、採用が取り消されてしまいます。この場合は、免職等と異なり、職員の身分保障に関する規定は適用されません。

（3）身分保障

1 身分保障とは

　身分保障について、職員は意に反して不利益な処分を受けないということが、地方公務員法第27条第2項に明記されています。例えば、法律に定められた理由がなければ、「クビになる」ことはないということです。こ

海外勤務？

　自治体に採用されると、通常はその自治体の範囲内での異動になります。しかし、中にはそれ以外の勤務先に異動になることもあります。例えば、国の省庁への派遣や、全国市長会や全国町村会などの全国的組織への派遣は、規模の大きな自治体では、比較的よく行われています。

　また、自治体の国際活動を支援している、一般財団法人自治体国際化協会（CLAIR）などの海外事務所に派遣される場合もあります。

　あなたも、辞令を受けたら、勤務先がニューヨークということがあるかも？

れが端的に表れているものとして、公務員は民間企業の社員と異なり、雇用保険に加入できないということがあります。会社の都合によって解雇されることがありうる民間企業では、そのための備えが必要ですが、公務員はそのようなことがないため、備えの必要もないということです。

第27条　すべて職員の分限及び懲戒については、公正でなければならない。

2　職員は、この法律で定める事由による場合でなければ、その意に反して、降任され、若しくは免職されず、この法律又は条例で定める事由による場合でなければ、その意に反して、休職されず、又、条例で定める事由による場合でなければ、その意に反して降給されることがない。

3　職員は、この法律で定める事由による場合でなければ、懲戒処分を受けることがない。

---

2 身分保障の理由

　それではなぜ、そのような身分保障が与えられているのでしょうか。

　職員の職務は、住民の生活に直接に大きな影響を与えます。さらに、行政の仕事の特徴として、相手の同意を得ずに、税金の徴収を行ったり、道路予定地の土地を強制的に買い上げる収用を行ったりするなど、いわゆる「公権力の行使」という性質をもつ職務があります。このように「一方的」に何かを実行することができることが、民間企業との違いですが、その際には特に公平性や透明性が重視されます。こうした業務の執行にあたり、外部からの圧力によって、いつクビになるか分からない状態におかれては、全体の奉仕者である公務員独自の特性を維持することが難しいと考えられています。つまり、職の安定を保証することで、公務に求められる公平性や透明性を維持することを担保しているのです。

（4）成績主義（メリットシステム）

　民間企業においても、成績に応じた昇進がありますが、公務員にも成績主義（メリットシステム）と呼ばれるものがあります。

　成績主義は、皆さんが公務員生活を送る中で常について回るものです。

成績主義とは、自治体がその業務を遂行する上で、最大のパフォーマンスを発揮するため、その構成員である職員に対して課すものです。つまり、ある業務を最も効果的に実行できる能力がある人をその職につけることにより、最も効果的な行政運営ができるため、そのような人事上の扱いをするということです。

　例えば、採用試験は、競争により優秀な人材を確保するという目的のほかに、受験者にその能力・適性があるかどうかを確認することも目的の一つとして行われています。さらに、採用後も、より上位の職につく能力があるかどうかも、この成績主義によって行われます。能力の有無の判断基準は、それぞれの自治体において定めるものですが、昇任のためには、昇任試験に合格することを条件としている場合もあります。これは、客観的な基準で能力を測ろうというねらいからです。

（5）人事評価制度

　過去においては人事考課等の透明性や客観性が必ずしも十分ではない中で、昇任等が行われていました。そこで、人事評価制度の導入により、成績主義の実施に際して、一定の客観的な基準を取り入れられることになりました。

　地方公務員法第6条第1項では、評価の内容を「職員がその職務を遂行するにあたり発揮した能力及び挙げた業績を把握した上で行われる勤務成績の評価」と定めています。

1 評価の種類
① 　能力評価

　「職務を遂行するにあたり発揮した能力」とは、能力評価と呼ばれるもので、職位に応じて必要とされる能力、例えば、業務上の知識、勤勉性、交渉力、企画力等の能力が、どの程度備わっているかを上司が判断するものです。

② 業績評価

「職務を遂行するにあたり…挙げた業績」とは、業績評価と呼ばれるもので、毎年、職務上の目標を本人が上司に申告し、その達成状況を上司が評価するものです。

2 評価の結果

評価の結果については、本人に開示されるので、自分が考えている能力と上司が判断する能力の違い等を認識し、自己研鑽や能力の向上等に向けた努力につながることが期待されています。また、評価の結果は、昇給等の処遇の違いにも反映されます。これには、評価を通じて、職員のモチベーションを高め、組織のパフォーマンスを向上させるねらいもあります。

地方公務員の定年延長

公務員の定年は長らく60歳とされてきました。平成25年度からは、公的年金の支給開始年齢が65歳まで段階的に引き上げられたこともあり、全国の自治体に定年後は再任用職員として65歳まで働ける仕組みがありました。この仕組みでは、定年自体は60歳でした。

しかし、令和5年度から国家公務員の定年が段階的に65歳まで引き上げられたことに合わせ、自治体の条例で定められている地方公務員の定年も延長されることとなりました。その目的は、高齢化が進む社会状況に対応し、職員のモチベーションを維持するとともに、培った知識や技能を若い職員に伝えるためとされています。

具体的には、令和5年度から2年おきに1歳ずつ定年年齢を引き上げ、令和13年度に65歳を定年とするというものです。また、組織の新陳代謝を促し、活力を維持するため、管理監督職にある職員は60歳で役職（管理監督職）を降りる、いわゆる役職定年制も導入されました。

5 職員の義務

　第3章「公務員の倫理・公務員として守るべきこと」においても説明しましたが、職員には、守らなければならない様々な義務があります。それらは全て、法令やそれに基づく条例に規定されています。

（1）職員の義務

　職員の義務には、職務上守るべき義務と、公務員として守るべき義務の2種類があります。前者は、勤務時間中に守るべき義務ですが、後者は勤務時間外でも守らなければなりません。これらに違反した場合は、免職等の懲戒の対象となってしまいます。あたり前と思われることもありますが、具体的にその内容を見ていきましょう。

表　地方公務員の義務

区分	内容	地方公務員法の根拠条文
職務上の義務（勤務時間中に守る義務）	法令等及び上司の職務上の命令に従う義務	第32条
	職務に専念する義務	第35条
公務員としての義務（勤務時間に関係なく守る義務）	信用失墜行為の禁止	第33条
	秘密を守る義務	第34条
	政治的行為の制限	第36条
	争議行為等の禁止	第37条
	営利企業への従事等の制限	第38条

1 法令及び上司の命令に従う義務

　法令等に従うという趣旨は、国民として法令全般を守るという意味とは異なり、公務員は法令に基づいて職務を行うため、その職務に関する法令を守るという意味とされています。

　また、上司の命令に従うことにより、統率のとれた組織として、効率的に業務が行えるという点は、民間企業と同じです。

　ただし、この命令が、法令に違反していたり、実行不可能なものである場合には、従わなくても良いとされています。ですから、上司の命令をうのみにせず、自分でしっかりと考えることも必要です。

> **第32条**　職員は、その職務を遂行するに当つて、法令、条例、地方公共団体の規則及び地方公共団体の機関の定める規程に従い、且つ、上司の職務上の命令に忠実に従わなければならない。

2 職務に専念する義務

　公務員も民間企業の社員と同様に、自分の職務を最大限の努力で遂行すべきことは同じですし、勤務時間中は仕事に集中しなければなりません。

　ただし、有給休暇等の法令に定めがある場合や、健康診断を受ける場合などの条例等で規定されている場合は、必要最小限の範囲でこの義務を免除されることがあります。

> **第35条**　職員は、法律又は条例に特別の定がある場合を除く外、その勤務時間及び職務上の注意力のすべてをその職責遂行のために用い、当該地方公共団体がなすべき責を有する職務にのみ従事しなければならない。

3 信用失墜行為の禁止

　公務員の職務には、税金の徴収のように、行政運営上の必要性から相手の意思にかかわらず強制力を持って行われる職務がたくさんあります。したがって、職員が公平、公正に職務を行っていることについて、住民からの信頼を得ていることが非常に重要となります。この規定は、勤務中か否かを問わず、守らなければなりません。

> **第33条**　職員は、その職の信用を傷つけ、又は職員の職全体の不名誉となるような行為をしてはならない。

4 秘密を守る義務

　公務員は、その職務上様々な情報を扱います。例えば、税を扱う職場で

は、住民の収入の金額や内容、家庭の状況等について、細かく知らなけれ
ば、課税の仕事はできません。もし、これらの情報が洩れたら、住民の信
用を失って、職務の遂行に支障が出てしまいます。そのため、この秘密を
守る義務は職場を異動したり、退職した後も適用されます。

　また、多くの職場では、業務に関する「入札」を行って、仕事の発注先
を決めますが、これに関する情報が、入札前に洩れたら公平な競争ができ
なくなってしまいます。

　秘密を守る義務は、公務員の仕事にとって非常に重要であることから、
このような規定が設けられており、違反した場合には、厳しい罰則が定め
られています。

> **第34条**　職員は、職務上知り得た秘密を漏らしてはならない。その職を退いた
> 　後も、また、同様とする。

5 政治的行為の制限

　公務員が特定の政治団体のために業務を行ったり、政治団体からの要望
に応えた職員が優遇されたりといった状況になれば、公務の中立性が失わ
れてしまいます。そのため、こうした行為が禁じられています。具体的に
は、選挙の際に特定候補に投票するよう働きかけを行うことや、不特定多
数の人を対象に特定政党に入るよう勧誘すること等は禁止されています。

6 争議行為等の禁止

　これは、いわゆるストライキをしてはならないという規定です。公務員
の職務は、住民の日常生活を支えています。その業務がストライキによっ
てストップすれば、住民の日常生活に大きな支障が出てしまうので、民間
企業とは異なり、このような規定が置かれているのです。

7 営利企業への従事等の制限

　公務員は全体の奉仕者として、特定の団体や人のためではなく、中立的

な立場で仕事をしなければなりません。特定の企業と職員の間に関係が生じると、職務の中立性について住民からの疑念が生じかねません。また、公務以外の職業に就くと、公務の執行がおろそかになる恐れがあることから、職務に専念する義務の違反となります。

こうしたことから、公務員が副業につくことは原則禁止されています。

第38条　職員は、任命権者の許可を受けなければ、商業、工業又は金融業その他営利を目的とする私企業（以下この項及び次条第１項において「営利企業」という。）を営むことを目的とする会社その他の団体の役員その他人事委員会規則（人事委員会を置かない地方公共団体においては、地方公共団体の規則）で定める地位を兼ね、若しくは自ら営利企業を営み、又は報酬を得ていかなる事業若しくは事務にも従事してはならない。
２　（略）

（2）公務能率と研修

職員の仕事ぶりが、その自治体の住民生活に直結していることは間違いないところです。現に地方公務員法第１条では、「地方公共団体の行政の民主的かつ能率的な運営」の保障を法律の目的として掲げています。

そして、この目的を達成するため、地方公務員法では、成績主義、職務の内容に応じた給与、人事評価など、能率的に職務を遂行するための措置が随所に設けられています。

1 研修の実施

採用した職員の能力をさらに磨いて、効率的な自治体運営を進めるため、地方公務員法では、職員に対して研修を受ける機会を提供することを任命権者に義務付けています。

職員の研修制度は、採用時の基礎的な研修から、経験、職位に応じた研修、また、職務内容に応じた専門的な研修と進んでいくことになります。

市町村で実施する研修に加え、都道府県単位の研修所や、全国的な研修所機関、例えば、市町村職員中央研修所（市町村アカデミー）や自治大学

校等に派遣されて専門的な研修を
受けることもあります。これらの
研修機関で他の自治体の職員と議
論することは、他の自治体の実情
を知るなど通常の業務では得られ
ない経験ができ、大きな刺激とな
るでしょう。

② OJT

　上記の研修は、日常の業務を離れて行われる研修で、OffJT（Off the Job Training）と呼ばれています。

　これに対して、OJT（On the Job Training）と呼ばれる研修方法があります。これは、配属された職場で、上司や先輩の指導を受けながら、職務の遂行を通じて学ぶもので、実務と一体となった研修です。

　OJTは、実務に直結した内容を、実務の環境で学ぶことができることが

自主研究グループ

　自治体の研修は、たしかに充実していますが、いつも自分が希望する内容を学べるとは限りません。

　仕事で知ったことや興味がわいたことをもっと深く学びたいときには、その分野の学会や自主研修グループに参加してみるのも良いと思います。

　こうしたグループには、自治体の枠を超えて活動しているものもあります。職場の先輩でそのような活動をしている人がいるかもしれませんし、研修の講師に尋ねると、教えてくれることもあります。様々な立場、経験の人と共に学ぶのは、とても良い刺激になります。

最大のメリットですが、業務内容そのものを学ぶほかにも、窓口などでの接遇やマナーといった社会人として必要な常識やスキルも同時に学ぶことができます。

　また、職場での人間関係の形成のように、研修の直接の目的以外の面でも効果があります。さらに、教わる人に合わせたペースや内容にすることができるため、職員一人ひとりの知識やレベルに合わせた内容とすることができることも大きなメリットです。

　一方、OJTを適切に行うためには、教える側に業務についての深い知識や、OJTそのものに対する理解が欠かせません。さらに、相手に合わせた内容とスピードで行うためには、教える内容についての準備や計画が不可欠ですから、教える側にとっては、通常の業務プラスアルファの負担が加わることになります。

　OJTは、まず、先輩職員が仕事をやって見せて、次にその内容を説明し、さらに教わる人にやってもらいます。そして、その結果を踏まえて、さらに必要な指導を行ったり、次の段階に進むというのが基本的な流れです。

　教わる側も、こうした流れを理解しながら、意識して学ぼうとするとともに、教えてくれる先輩職員に感謝する姿勢が必要です。

　さらには、自分の下に新人が入ってきたときには、自分が教える立場になることもあります。人に教えることは、その内容を改めて見直したり、自分の知識の点検等が必要になるため、それ自体が一種の研修とも言えます。

　このように、OJTは適切に行うことにより、人材育成に非常に効果がある方法であり、研修の重要性や効果としては、OJT 7割、OffJT 3割ともいわれています。

　新たに公務員となった皆さんには、住民の期待に応え、最大のパフォーマンスを発揮できるよう、これらの研修を通じて研鑽を積んでいくことが求められています。

6　分限と懲戒

（1）分限とは

　分限とは、心身のけがや病気等の理由により、公務員としての勤務ができなくなったり、職位や給与に見合った働きができなくなったときに、公務能率の観点から本人の意に反して行われる不利益な身分上の変動をもたらす処分です。

　なお、分限は、公務員の義務違反等の道義的な責任を問われるものではなく、懲罰的な意味はない点で、（3）の懲戒処分とは異なります。

（2）分限処分の種類と事由

　地方公務員法では、より低い職位につける降任、職員の身分を失わせる免職、職務を一定期間休む休職、現在より低い給与とする降給の4種類の分限処分が定められています。

　降任・免職、休職の事由については、地方公務員法に定めがありますが、降給の事由については、条例で定めることとされています。

1 降任・免職の事由（地方公務員法第28条第1項）

　地方公務員法では、次の4つを降任・免職の事由としています。実際には、どれか1つだけに該当するよりも複数の事由に該当する場合が多いと思われます。

① 勤務実績が良くない場合

　遅刻や無断欠勤、勤務時間中に公務に集中しないなど、勤務状況が悪い場合等が該当します。

② 心身の故障により、職務の遂行に支障がある場合又は職務の遂行に耐えられない場合

　けがや病気により、勤務ができない場合で、実務上はこの理由が最も多いと思われます。近年ではメンタル疾患を患い、分限処分を受ける職員が

増える傾向にありますので、心配事や不安は一人で抱え込まず、同僚や上司に相談するようにしましょう。

③　職に必要な適格性を欠く場合

能力や性格等について、職員としての適格性を欠き、容易に矯正できない場合です。具体的にどのような場合が該当するかは、個別のケースごとの判断となります。

④　過員を生じた場合

業務の縮小や予算の減少により、職員が過剰になった場合ですが、この理由のみで処分を受けることは、実務上はほとんどないと考えられます。

❷ 休職の事由（地方公務員法第28条第2項）

分限による休職の事由としては、①病気やけがのために、長期にわたって勤務ができない場合、②刑事事件に関し起訴された場合、③条例で定める事由の3つがあります。なお、休職の期間は、条例で最長3年を期限としている場合が多いようです。それ以上の期間にわたって、勤務ができない場合には、分限免職が適用されることになります。なお、分限免職は、道徳や倫理に反する処罰的な意味合いはなく、懲戒免職とは異なり退職金が支給されます。

❸ 降給の事由

降給の事由は、条例で定めることとされています。

実際に、条例で規定されている内容は、免職、降任の理由とほぼ同じものが多いようですので、どの処分を適用するかは、任命権者が事案の内容を判断して決められているようです。

（3）懲戒とは

職員が地方公務員としての義務に違反した場合に、その内容に応じて行われる処分が懲戒処分です。

　懲戒処分は、義務違反に対する制裁の意味を持っており、処分を受けたときだけではなく、その後の勤勉手当や昇給の際に不利な取扱いを受けることがあります。

　また、懲戒処分は、職員にとって非常に重いものであることから、必ず文書で行うこととされています。なお、懲戒処分を受けた職員が、その内容に不服がある場合は、人事委員会又は公平委員会に対して、審査請求をすることができます。

（4）懲戒処分の種類（地方公務員法第29条第1項）

　地方公務員法では、①職員の身分を失わせる懲戒免職、②一定期間、職務に従事できない停職、③一定期間給与を減額する減給、④該当する行為について注意を受ける戒告の4種類の懲戒処分が定められています。

　これらのどの処分を適用するかについては、任命権者の裁量が認められています。

免職	免職は、懲戒処分の中で最も重く、職員としての身分を失わせるものです。懲戒免職の場合には、退職手当の支給がされません。
停職	停職は、一定の期間、勤務をさせない処分です。また停職の期間中は、給与が支給されない点が、分限による休職と異なります。
減給	一定の期間、給与を減額する処分です。この期間が経過すると、元の給与額に戻る点が、分限による降給と異なります。
戒告	戒告は、上記の3つの処分に該当するほどではないものの、職員として不適切な行為があった場合、それを戒める注意を行うものです。

（5）懲戒処分の事由

　地方公務員法では、懲戒処分の事由として次の3つを掲げています。実際に問題となるケースでは、処分の対象となる行為が複数の事由に該当する場合が多いでしょう。

① 　地方公務員法等の法律や条例等に違反した場合

　地方公務員法など公務員の職務や義務を定めた法律に違反した場合や、

これらの法律に基づいて定められた条例・規則等に違反した場合です。

　例えば、地方公務員法第34条の規定に違反して、秘密を漏らしてしまった場合や、地方公務員法第38条の規定に違反して、営利企業の役員となったり、その業務に従事をした場合等があります。

②　職務上の義務に違反し、又は職務を怠った場合

　地方公務員法第32条の法令の順守や上司の命令に従う等の義務に違反した場合や、地方公務員法第35条の職務専念義務に違反した場合等があります。

③　全体の奉仕者としてふさわしくない非行があった場合

　地方公務員法第33条の信用失墜行為の禁止に違反する場合等ですが、これに該当する場合には、他の事由にも該当することが多いものと考えられます。

※懲戒処分の事由と処分内容の具体例は、第3章の表（懲戒処分の標準例の一例）（102頁）を
　参照してください。

7 勤務条件等

（1）勤務条件

　良い仕事を継続して行うためには、きちんと勤務を続けていけるよう、適切な勤務条件が必要です。勤務条件としては、例えば、給与、勤務時間、休暇等を挙げることができます。

　職員の勤務条件は、労使の交渉によって決定される民間企業とは異なり、自治体では住民の意思を反映した条例で定めることとなっています。これを勤務条件条例主義の原則といいます。

　この原則の趣旨は、①職員の勤務条件を、身分保障の一環として、条例という法形式によって保障すること、②勤務条件の決定を住民の代表である議会の意思決定を経て定め、その内容の透明性を確保することの2点です。

　また、職員の勤務条件については、社会一般の情勢に適応するように、随時適当な措置を講じることとされています。

（2）給与

1 給与とは

　給与とは、職員に対してその勤務の対価として自治体から支給される金銭のことを言います。給与は、正規の勤務時間の対価である給料と、職員一人ひとりの実態を反映するための各種手当から成っています。

　職員に支払われる給与は、勤務条件の代表例であり、給与以外の手当も含めて、全て自治体の条例によって定められています。これを給与条例主義といいます。

2 給与の水準

　企業の給与水準は、企業の業績等によって、その企業が独自に決めています。そのような基準がない公務員の場合、どのように給与の水準は決

まっているのでしょうか。

　これについては、大きく2つの要素を考慮して決められることになっています。

　まず、地方公務員は兼業が禁止されていますから、給与は、職員の生活を支えられる水準でなくてはなりません。

　もう1つは、国や民間企業、他の自治体の水準を考慮して、それとかけ離れたものであってはならないということです。納税者たる住民が納得する給与水準を決定するという趣旨で、均衡の原則と言われます。実態としては、国の人事院が行う国家公務員の給与勧告に準じた水準とされています。

　さらに、職員個人の給与額は、職務内容の難易度やその責任の軽重によって決められることになります（職務給の原則）。これに加えて、近年では、個人の業績を評価する評価制度が導入されているため、この評価の

給与の条例主義

　近年多発している大規模な自然災害で、自治体の枠を超えて、他の自治体に応援に行く職員がかなりの数に上るようになりました。

　その際にかかる費用や現地での滞在費などについて、きちんと手当てを支給すべきなのですが、「給与の条例主義」により、地方公務員の給与は、条例に明記されたもの以外は、支払ってはならないこととされています。

　従来は、自治体の業務として、こうしたことが想定されていなかったため、災害支援の手当てを支払うことができませんでした。しかし、現在では、こうした事態に適切に対応できるよう、どの自治体でも条例改正がされています。地方公務員法の規定の影響が、思わぬところに出たという好例です。

結果も加味して、具体的な給与額が決定されることになっています。

> **第24条**　職員の給与は、その職務と責任に応ずるものでなければならない。
> 　2　職員の給与は、生計費並びに国及び他の地方公共団体の職員並びに民間事業の従事者の給与その他の事情を考慮して定められなければならない。

（3）勤務時間

1 勤務時間の原則

　地方公務員の勤務時間にも労働基準法が適用されるので、1日8時間以内、週40時間以内としなければなりません。また、給与と同様に、勤務時間も条例で定めることとされています。

　実態としては、人事院勧告に基づく国家公務員の勤務条件に準じて、ほとんどの自治体で、1日7時間45分、週38時間45分の勤務を条例で定めています。

2 時間外勤務

　時間外勤務は、民間企業の残業と同じ意味ですが、地方公務員法で「時間外勤務手当」（標準として決められた時間以外の労働に対する手当という意味）が規定されているので、自治体では、このような呼び方が一般的です。

　ちなみに、公務員には残業や休日勤務があるのでしょうか。答えは、「かなり沢山あります」です。かつては定時に帰れるといったイメージが強かった公務員ですが、実際は、多くの職場で時間外勤務が必要になっています。その理由は、一つは、個々の業務内容が、より専門的になってきたり、対応すべき事柄の種類が増えてきているため、どうしてもより長い対応時間が必要になるということです。もう一つは、各自治体で職員の定数が削減されてきているため、一人あたりの仕事量が増えているためです。

　また、児童虐待に対応する児童相談所など、職場によっては24時間体制

で勤務をする部署もあります。

　こうした中で、自分の健康や体調を管理しつつ、職務を果たしていくことが、現在の職員には求められているといえます。

3 休暇等

① 　年次有給休暇

　休暇は、全ての労働者に権利として認められているもので、公務員も例外ではありません。

　年次有給休暇がその代表的なものです。民間企業においては、採用後、年数を重ねるごとに、取得可能日数が増やされていき、数年かけて年間20日という労働基準法上の基準に達することが多いようです。

　これに対し、地方公務員の場合には、採用の翌年度から直ちに年間20日の有給休暇が付与される点で、民間企業と異なっています。また、休暇の取得についても、多くの場合、半日単位、時間単位での取得が認められており、1日単位での取得しかできない場合が多い民間企業とは異なっています。

② 　条例の定めによる休暇

　年次有給休暇は、法律によって付与される休暇ですが、このほかに自治体の条例により定められている休暇もあります。

　こちらの代表は、夏季休暇ですが、条例が根拠となっているので、自治体ごとに、日数には差があります。そのほかに、結婚休暇、忌引休暇、介護休暇、ボランティア休暇等が定められています。

③ 　職務に専念する義務の免除

　皆さんも、職場で「ショクメン」とか「ショクセンメン」という言葉を耳にすることがあると思います。

　これは「職務に専念する義務を免除する」という言葉を短縮したものです。つまり、決められた理由があれば、本来勤務すべき時間に勤務しなくても良い、というもので、法律に基づくものと条例に基づくものがありま

す。

　ア　法律に基づくもの

　　年次有給休暇が代表的なものです。休暇のほかにも、休職や停職の処分を受けたり、地方公務員法の規定により、休業の承認を受けたとき、育児休業を取得する場合など、広範囲にわたっています。

　イ　条例に基づくもの

　　自治体ごとに職務専念義務を免除する場合を条例で規定しています。研修を受ける場合や、健康診断など、職員の福利厚生に関するもの、交通機関の事故や災害で出勤できない場合等が定められています。

　また、これらは有給のものと無給のものがあり、具体的には、法律や自治体の条例によって決められています。

（4）職員の権利の制限

　公務員も労働者であることには変わりはなく、労働者としての権利が認められていますが、地方公務員の場合には労働基本権の一部が制限されています。

　具体的には、民間企業においては、勤務条件等を改善するために使用者と交渉するにあたり、団結権、団体交渉権、争議権という労働基本権が、権利として認められています。これに対して、地方公務員の場合には、公務に従事するという特性から、民間企業の社員とは異なる法律上の定めがあります。

　まず、団結権、つまり、労働条件について雇用者側と交渉する団体を作る権利は、一般行政職員及び教育職員には、地方公務員法上の職員団体を組織することが認められています。

　また、使用者側と労働条件について交渉する団体交渉権については、職員団体は、勤務条件等に関し、交渉自体は行うことはできますが、勤務時間を短縮するなど、独自の勤務条件を定める「労働協約」を締結すること

は認められていません。職員団体は、法令その他の規程に抵触しない範囲で書面による協定を締結することは認められていますが、この書面協定の効力は道義的責任にとどまるものです。

これに対し、争議権、いわゆるストライキ権は一切認められていません。

なお、消防の職員は、厳正な規律と統制ある迅速果敢な部隊活動が常に求められていることから、団結権を含めいずれの権利も認められていません。

公務員の労働基本権と、全体の奉仕者として公共の利益のために勤務するという公務員の職務の特性の間で、これらの規定が設けられているのです。

表　地方公務員の労働基本権の制限

区分	団結権	団体交渉権	争議権
一般の職員	○	△（交渉は可能だが、労働協約は結べない）	×
消防・警察の職員	×	×	×

Ⅱ　地方自治に関する制度

「地方自治」とは、何を意味するのでしょうか？

手元の広辞苑を開くと「地方団体が独立の団体として自己に属する事務を自己の責任において自己の機関によって行うこと」とあります。より具体的に自治体の現場で考えてみると、住民の代表者が、様々な特色ある政策を自主的に打ち出し、それを実行していることがイメージされます。

また、「地方自治は民主主義の学校」と言われることもあります。

これは、住民が直接選挙で選んだ首長や議員によって、住民にとって身近な問題についての多様な考えが集約・調整されていくというプロセスが民主主義の基本に他ならないと考えられるからです。

我が国において、現在のような地方自治制度となったのは、第二次世界大戦後、日本国憲法が制定・施行されてからです。現在の憲法の地方自治の規定とそれを具体化した法律である地方自治法が「地方自治制度」の基本となっています。

地方自治法は、自治体のほとんど全ての有り様を規定しています。

まず、第1編（総則）では、地方自治法の立法目的、自治体の役割、種類、事務等の総論的かつ基本的な事項を規定しています。第2編では、一般的な自治体である普通地方公共団体について、住民、立法、選挙、直接請求、議会、執行機関、財務、公の施設、国や他の自治体との関係等を規定しています。第3編では、特別地方公共団体である特別区や組合等について、第4編では、法定受託事務について、規定しています。

ここでは、地方自治法を中心に地方自治制度の概要を見てみましょう。なお、財務や契約関係については、第6章Ⅰ（212頁）で詳しく説明します。

1 地方自治の意義（地方自治の本旨）

　地方自治については、憲法の「第8章　地方自治」に規定されていることからも分かるとおり、我が国の根幹を構成する重要な要素の1つです。そして、前述のとおり、地方自治のエッセンスは、「ある地域のことはその地域の住民で決めることとそのためのしくみ」です。憲法ではそれを「地方自治の本旨」と言い、一般的には「住民自治」と「団体自治」の2つの要素で成り立っていると整理されています。

　また、地方自治法には、国も自治体も地方自治の本旨に基づき、適切な役割分担を踏まえて法令の規定、解釈や運用をするように規定されています。

> **●日本国憲法**
> （地方自治の本旨の確保）
> **第92条**　地方公共団体の組織及び運営に関する事項は、地方自治の本旨に基いて、法律でこれを定める。

（1）住民自治
　「住民自治」とは、自治体の事務処理を国の指揮監督によるのではなく、その地域の住民の意思と責任のもとに行うという原則です。今日の日本では、住民が選挙によって代議員を選出する間接民主制、代表民主制が一般的です。

（2）団体自治
　「団体自治」とは、国家の中にある"国家から独立した法人格を有する一定の地域を基礎とする団体"（＝自治体）が、その地域における事務を自己の意思と責任において処理するという原則です。

2 自治体の種類

（1）普通地方公共団体と特別地方公共団体

　地方自治法は、自治体を「普通地方公共団体」と「特別地方公共団体」に区分しています。

1 普通地方公共団体

　普通地方公共団体は、自治体のうちで最も一般的なもので、全国どこにでも見られるものです。具体的には、都道府県と市町村が該当します。

2 特別地方公共団体

　特別地方公共団体は、その事務や権限が特殊なものや特定の地域又は特別の仕事に限られる、いわば例外的な自治体です。例えば、次のようなものがあります。

① 特別区

　特別区とは、東京都の23区のことで、市町村と同様に基礎的な自治体と位置付けられます。なお、指定都市の「区」はこれには該当しません。

② 自治体の組合

　自治体の組合には、次の2種類があります。

　ア　2つ以上の自治体が事務を共同処理するために設けられる一部事務組合

　イ　広域にわたる事務について、総合的かつ計画的に処理するために設けられる広域連合

③ 財産区

　財産区とは、市町村や特別区の一部の地区にある財産や公の施設について、管理や処分等を行う権能を有する団体です。

（2）市町村と都道府県

1 市町村

　市町村は基礎的な自治体で、地域における事務（都道府県が処理する広域にわたるものは除きます。）を広く一般的に処理することとされています。「市」「町」「村」の性格と権能は、基本的には同じです。

2 市町村の要件

　「市」となるためには次のような要件があります。

①　人口5万人以上であること。ただし、市町村合併等の特例により、人口がこれより少ない場合でも、「市」として認められた例もあります。また、一度「市」になれば後に人口が減っても構いません。

②　中心の市街地となっている区域にある戸数が、全戸数の6割以上であること。

③　第2次・第3次産業従事者及びその家族が全人口の6割以上であること。

④　都道府県の条例で定める都市的施設等、都市としての要件をそなえていること。

　「町」の要件については、都道府県の条例で定めることとされていますが、概ね「市」の要件に準じたものとなっています。

3 市の特例

①　指定都市

　指定都市は、地方自治法では「政令で指定する人口50万以上の市」と規定されています。かつては100万人が1つの目安といわれていましたが、運用により人口70万人程度まで要件が緩和されています。

　これらの都市は、いわゆる大都市として、通常都道府県が処理している事務のうち市民生活により近い事務も処理することとされています。また、組織上も行政区を設置することとされています。

② 中核市

　中核市は、地方自治法では「政令で指定する人口20万以上の市」と規定され、指定都市が処理することとされている事務のうち、都道府県が一体的に処理することが効率的なものを除いた事務を処理することとされています。

4 都道府県

　都道府県は、市町村を包括する広域の自治体で、

① 広域にわたる事務

② 市町村に関する連絡調整に関する事務

③ その規模又は性質において一般の市町村が処理することが適当でない
　と認められる事務

を処理することとされています。

　「道」「府」「県」は、基本的に同じ権能ですが、「都」については、その中心部である特別区の区域において、県の事務と市の事務のうち一体的に処理することが必要な事務を処理することとされています。なお、特別区以外のエリアでは、東京都も道府県と同じ権能となります。

3 自治体の事務

　事務について、地方自治法ではまず、「普通地方公共団体は、地域における事務及びその他の事務で法律又はこれに基づく政令により処理することとされるものを処理する。」と規定されています。

　そして、処理する事務は、自治事務と法定受託事務とに分類されています。

（1）自治事務と法定受託事務

図　市町村の事務の概念

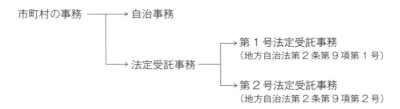

　「自治事務」とは、「地方公共団体が処理する事務のうち、法定受託事務以外のもの」と地方自治法は規定しています。次いで、「法定受託事務」とは、法律又はこれに基づく政令により「都道府県、市町村又は特別区が処理することとされる事務のうち、国が本来果たすべき役割に係るものであって、国においてその適正な処理を特に確保する必要があるものとして法律又はこれに基づく政令に特に定めるもの」（第1号法定受託事務）及び「市町村又は特別区が処理することとされる事務のうち、都道府県が本来果たすべき役割に係るものであって、都道府県においてその適正な処理を特に確保する必要があるものとして法律又はこれに基づく政令に特に定めるもの」（第2号法定受託事務）と規定しています。

　具体的には、第1号法定受託事務の例として、国政選挙や生活保護の事務等があります。また、第2号法定受託事務の例として、都道府県知事や

都道府県議会議員の選挙等があります。これらの法定受託事務の執行のための経費は、国や都道府県がそれぞれ一定部分を負担することになりますが、必ずしも全額が負担されるわけではありません。例えば、生活保護法による事務の多くは国が4分の3を負担し、残りは自治体の負担となっています。

（2）事務に関するその他の基本理念

　以上のほか、例えば次のような基本的なルールを地方自治法は規定しています。

① 　都道府県と市町村は、その事務を処理するに当たっては、相互に競合しないようにしなければなりません。

② 　自治体は、その事務を処理するに当たっては、住民の福祉の増進に努めるとともに、最少の経費で最大の効果を挙げるようにしなければなりません。

③ 　自治体は、常にその組織及び運営の合理化に努めるとともに、他の自治体に協力を求めてその規模の適正化を図らなければなりません。

④ 　市町村は、法令や当該都道府県の条例に違反してその事務を処理してはなりません。違反して行った場合はこれを無効とするとされています。

4　市町村・都道府県・国の関係

　自治体相互間、国と自治体との関係については、次のように整理されます。

（1）市町村相互間の関係

　市町村と市町村との関係は、対等・平等です。人口が数百万人の指定都市であっても、数百人の村であっても基本的な権能は同じであって、その関係性は横並びです。

（2）市町村と都道府県との関係

　市町村と都道府県との関係も、基本的には対等な関係です。

　ただし、事務に着目すると、市町村は、基礎的な自治体として、地域における事務（都道府県が処理するものとされているものを除く。）等を処理するとされているのに対し、都道府県は、広域にわたる事務、市町村に関する連絡調整に関する事務及びその規模又は性質において一般の市町村が処理することが適当でないと認められる事務を処理するとされています。さらに、前述のとおり、市町村や特別区は当該都道府県の条例に違反してその事務を処理してはならず、これに違反して行った市町村等の行為は、無効とされます。

　つまり、事務を処理するに当たり、市町村と都道府県とが重なる場合には、原則として広域的な事務を行う都道府県を尊重するということです。

（3）自治体と国との関係

　自治体（市町村や都道府県）と国との関係も、基本的には対等です。

　都道府県・市町村に対する国の関与の仕組みについては、地方自治法で詳細なルールが規定されています。

　ただし、自治体と国との関係は対等とされていますが、様々な補助金や

地方交付税の配分、税制上の措置により、自治体は国から様々な財政的支援を受けているのが実情です。これが財政的支援を通じて、国は間接的に自治体をコントロールしているといわれるゆえんとなっています。地方自治を考える上では、こうした財政的な視点もきわめて重要です。

（4）国地方係争処理委員会と自治紛争処理委員

　自治体と国との関係を対等なものとするためには、両者の利害が対立し、紛争が生じた場合に、それを公平・中立の立場から判断し、処理する仕組みを設け、制度的に担保する必要があります。こうした観点から、地方自治法は、国による自治体への関与に関する係争処理機関として国地方係争処理委員会を規定しています。

　同様に、自治体相互間の紛争解決手段として自治紛争処理委員が用意されています。

　市町村に対する国や都道府県の関与について、国地方係争処理委員会等の機関の勧告や、勧告を受けた国や都道府県の対応に不満があるなどの場合には、市町村は高等裁判所に訴訟を起こすことができます。

5 自治体の組織

　自治体の組織について、憲法には、自治体には議事機関としての議会を設置すること、首長や議員等は住民の選挙によることが規定されています。また、地方自治法には、具体的な自治体の組織について規定されていますが、大まかにいうと自治体の組織は、「議会」と「執行機関」に分けられます。

●日本国憲法
（地方公共団体の機関）
第93条　地方公共団体には、法律の定めるところにより、その議事機関として議会を設置する。
2　地方公共団体の長、その議会の議員及び法律の定めるその他の吏員は、その地方公共団体の住民が、直接これを選挙する。

（1）議会

　市町村をはじめとする自治体には、議事機関として議会が置かれ、議会は、住民の直接選挙によって選ばれた議員によって組織されます。

　議会は地方自治法の定めるところにより自治体の重要な意思決定に関する事件を議決し、検査及び調査その他の権限を行使します。

　議員の定数は、条例で定めることとされています。議員の任期は4年ですが、一定の事由に該当する場合には、任期中であっても失職することがあります。

1 委員会制度

　委員会制度とは、議会の内部に少数の議員で構成する委員会を設け、より専門的な見地から議論を深めようとするものです。委員会には、常任委員会、議会運営委員会、特別委員会の3種類があります。

　自治体の議会の場合、常任委員会を置くかどうかは、国会の場合とは異なって任意であり、設置する場合には、条例で規定することになります。

なお、常任委員会は、それぞれの所掌に関して、議案や請願等を審査する
ものとして、議会運営委員会は、議会の運営に関する事項等について議案
や請願等を審査するものとして、そして、特別委員会は、特定の事案を審
査するものとして設けられるものです。

２ 議会の権限（議決事項）

　議会の権限の最も大きなものは議決権であり、条例の制定・改廃はもち
ろん、予算を定めたり、決算を認定したり、重要な契約を締結するなど、

地方自治法で定められてい
る案件については、議会の
議決が必要です。さらに、
自治体の条例によって、追
加の議決案件を定めること
ができます。

３ 議会の運営

　議会には、定例会と臨時会があります。定例会は、毎年条例で定める回
数だけ招集されるもの、臨時会は、必要な場合に特定の事案に限り招集さ
れるものです。ただし、条例で定例会・臨時会の区分を設けず、通年の会
期とすることもできます。

　議会の招集は、原則として首長の権限です。議長若しくは議員の定数の
４分の１以上の者は、一定の場合には首長に臨時会の招集を請求すること
ができます。その場合、首長は臨時会を招集しなければなりません。

　議案の提出権は、一般的には首長と議員の両方にありますが、議案に
よっては提出権が首長又は議員に専属するものもあります。例えば、予算
議案の提出権は首長専属です。

　なお、自治体の首長等は、議長から説明のため出席を要求されたとき
は、議会に出席しなければなりません。

（2）執行機関

　自治体の執行機関には、自治体の長である市町村長等と、教育委員会等の行政委員会があります。

■ 長の地位・任期等

　地方自治法では、都道府県に知事、市町村に市町村長を置くことを規定し、両者をあわせて「地方公共団体の長」と称しています。

　長は、住民の直接選挙によって選出され、任期は4年です。

■ 長の権限

　まず、長は、その自治体を統括し、対外的にこれを代表します。

　また、長は、その自治体の事務を管理し、執行することとされています。長が担任する具体的な事務として、地方自治法で次のようなものが列挙されています。

① 　議会への議案の提出
② 　予算の調製・執行
③ 　地方税の賦課徴収、分担金・使用料・加入金・手数料の徴収等
④ 　議会への決算の認定の付議
⑤ 　会計の監督
⑥ 　財産の取得・管理・処分
⑦ 　公の施設の設置・管理・廃止
⑧ 　証書・公文書類の保管
⑨ 　その他自治体の事務（議会・行政委員会の権限に属するものを除く）
　　の執行

　さらに、これらの事務を処理するため、長は、規則の制定、職員の任免・指揮監督、事務組織の設置等の権限を持っています。

❸ 長の補助機関

　長の権限に属する幅広い事務の意思決定を行うため、自治体の内部に長を補助する機関として、副知事、副市町村長、会計管理者、出納員等の会計職員、職員等が置かれています。

　職員については、地方自治法で定数を条例で定めることのほか、任用、人事評価、給与その他勤務条件、服務、分限及び懲戒、その他身分取扱いに関して、地方公務員法及びそれに基づく条例に従うと規定されています。これらの事項を法律や条例で規定するのは、前述のとおり公務員の身分等を守るという側面に加え、自治体の執行機関の構成員としての職員情報を住民に公開し、民主的な統制をきかせるという側面もあります。

❹ 行政委員会

　行政委員会は、一定の範囲で長から独立した権限と責任を持った執行機関です。

　行政委員会が設置される理由は各委員会で異なりますが、

①　行政の中立性の確保が必要な場合

②　専門的知識に基づく行政を行うことが特に必要な場合

③　個人の権利・利益の保護のため、裁判のように慎重な手続を経ることが必要な場合

④　相対立する違いの調整のため、利益代表の参加が必要な場合

等が主な理由です。

　具体的には、教育委員会、選挙管理委員会、人事委員会又は公平委員会、監査委員、農業委員会、固定資産評価審査委員会が市町村に置かれています。

（3）長と議会との関係

　長と議会は、いずれも直接住民によって選挙され、相互に独立し、対等な立場で職務権限を行う仕組みになっています。言い換えると、大きな権

限を持つ執行機関の長である知事や市町村長に対して、もう1つの代表である議会のチェックをきかせ、バランスを保っています。

　双方とも選挙で選ばれますが、その民意が必ず一致するとは限りません。この点が国における議院内閣制とは異なります。そこで、対立した場合の両者間の調整を図る仕組みとして、
① 　再議
② 　不信任議決と解散
③ 　専決処分
の3つの制度が設けられています。

1 再議
　再議とは、議会の行った条例の制定・改廃や予算に関する議決等について長が理由を示して再度、議会に審議を求める手続です。

2 不信任議決と解散
　長と議会の対立が、再議等によっても調整できなくなった場合、最終的な手段として、議会には長の不信任議決権を与え、長にはこれに対する対抗措置として議会の解散権が認められています。これは、対立の原因について、選挙によって主権者たる住民の判断に委ねようとしたものです。

3 専決処分
　専決処分とは、本来議会が議決・決定するとされていることについて、一定の場合に長が議会に代わって権限を行使することです。緊急性があり議会に諮る時間的余裕がない場合など法律に規定されているものと、簡易な事項で議会の議決により委任されているものがあります。後者は議会に報告するだけで足りますが、前者については、次の議会で報告し、承認を求めることになります。

6 住民

　住民は、自治体の人的構成要素であり、市町村の区域内に住所がある者は、その市町村の住民となるとともに、その市町村を包括する都道府県の住民となります。ここでいう住民は、自治体の構成要素としての住民であり、自治体の主権者という意味ではありません。住民であるかどうかは、その自治体の区域内に住所を有するか否かという事実のみによって決まるものです。なお、地方自治法に基づき、「市町村は、別に法律の定めるところにより、その住民につき、住民たる地位に関する正確な記録を常に整備しておかなければならない」とされており、住民基本台帳の制度が定められています。しかし、この台帳に記載されなければ、「住民」でないというわけではありません。

　また、地方自治法の規定の「住民」は、「日本国民たる普通地方公共団体の住民」という、自然人を前提とした規定以外は、法人も含まれると考えられますし、同様に自然人については、「日本国民たる」という文言のない規定では、日本国籍の有無を問わないと解されています。

(1) 住民基本台帳

　前述のとおり、市町村においては、住民に関する記録を正確かつ統一的に行う住民基本台帳を整備し、住民の居住関係の公証、選挙人名簿の登録、国民健康保険・介護保険・国民年金等の被保険者の資格に関する事項、住民税の課税等、住民に関する事務の処理に用いられています。

　戸籍事務と比較すると、戸籍が、出生・婚姻・親権・後見・国籍の得喪等の身分関係を公証するのに対し、住民基本台帳は、住民の住民たる地位を記録して居住関係を公証するものです。また、戸籍事務は第1号法定受託事務であるのに対し、住民基本台帳事務は自治事務であるという点も異なっています。

（2）住民の権利義務

　地方自治法は、「住民は、法律の定めるところにより、その属する普通地方公共団体の役務の提供をひとしく受ける権利を有し、その負担を分任する義務を負う。」と規定し、住民の権利と義務を概括的に規定しています。具体的には、住所がある市町村や都道府県の公共施設を利用したり、サービスの提供を平等に受けることができる代わりに、住民税等を納めなければならないという意味です。

　また、日本国民である住民は、住所がある市町村や都道府県の選挙等に参与する権利を持ちます。これは、住民が自らの居住する自治体の首長や議員を直接選挙によって選ぶ権利を持つということ、つまり、自らの地域のことを自ら選んだ代表が決定することを保障するものです。

　選挙制度は間接的に住民の意思を反映するものですが、これを補完するものとして、条例の制定・改廃請求等の直接請求制度が用意されています。

　このほか、条例を制定し、地域に関する課題について、直接住民の投票により民意を問う、住民投票が行われることもあります。

　なお、以上の制度とは別に、地方自治法では住民監査請求や住民訴訟が規定されており、市町村や都道府県における違法・不当な財務会計上の行為の予防・是正のために住民に認められている権利の一つです。

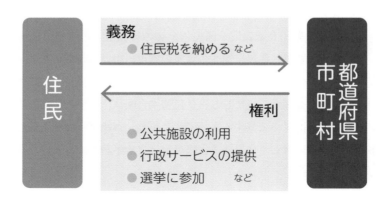

7 自治体の立法

（1）法令の種類

　一般に「法令」という場合には、社会生活の規範として強要性を有する成文の形式をとるもののうち、条約を除いた国内法だけを指すことが多いです。具体的には、日本国憲法、法律、政令、内閣府令・省令、規則、条例等があります。

憲法＞法律＞政令＞府省令＝（国の）規則＞条例＞（自治体の）規則

※（効力として）上位＞（効力として）下位、＝（効力として）同じ、を表す

1 国レベルのもの

① 憲法

　憲法とは国家の基本を定める根本規範であり、国民の権利・義務や統治機構等を規定する国の最高法規です。つまり、全ての法律の上位に立つものであり、憲法に反する法律は無効です。

　公務員には、憲法を尊重し、擁護する義務があります。

② 法律

　法律は、国会の議決を経て制定される法です。法律は、憲法に反してはなりません。

　なお、国民に義務を課し、又は権利や自由を制限するような規定は法律で定めることが原則であり、例外として、憲法や法律が委任する場合、他の形式の法令で定めることができます。

　これは、国民（住民）の代表である国会の議決という民主的なプロセスを経なければ権利義務関係に影響を及ぼすルールは制定できないということです。

③ 政令

　政令は、法律を具体的に実施するために必要な細則・手続や、法律が委任する事項について、内閣が制定する命令です。

「○○法施行令」「○○に関する政令」という名称が多く使われます。
（例：地方自治法施行令）

④　内閣府令・省令

内閣府の長としての内閣総理大臣や各省の大臣が、法律や政令を実施するため、又は、法律・政令の特別の委任に基づいて発する命令です。

多くの場合、「○○法施行規則」「○○に関する省令」という名称です。
（例：地方自治法施行規則）

⑤　規則

内閣府令及び省令のほか、個別の法律で認められている場合には、各省大臣以外の行政機関も命令を発することができます。例えば、人事院規則や会計検査院規則等があります。

⑥　条約

条約とは、国家同士、あるいは国連等の国際機関で結ばれるものです。憲法で「条約及び確立された国際法規は、これを誠実に遵守することを必要とする。」と決められています。自治体、中でも市町村が直接、条約締結事項に左右されるようなことはほとんど考えられませんが、指定都市では、WTO政府調達協定等に留意しなければならないというようなことがあります。

2 自治体レベルのもの

①　条例

自治体がその議会の議決を経て制定する法です。憲法では、「法律の範囲内で条例を制定することができる。」と規定され、また、地方自治法では「法令に違反しない限りにおいて」、地域における事務等に関し、条例を制定することができると規定しています。

住民に「義務を課し、又は権利を制限する」には、法令で特別の定めがある場合を除いて、条例によらなければなりません。また、条例で刑罰規定を設けることはできますが、その範囲は、2年以下の懲役又は禁錮、

100万円以下の罰金などに制限されています。

　なお、義務を課し、権利を制限する内容でなくても、条例で定めなければならないものがあります。例えば、地方自治法第204条第3項では「給料、手当及び旅費の額並びにその支給方法は、条例でこれを定めなければならない」とし、自治体職員の給料等については、必ず条例で定めることとされています。これは住民が自らの属する自治体の職員の給料等は議会の議決という民主的な手続を踏んで定めるべきという観点からこのように整理されているのですが、「必要的条例事項」と呼んでいます。

　また、必要的条例事項の一つに、地方自治法第244条の2で定めている「公の施設の設置及び管理」や「指定管理者」に関する事項があります。

② 　自治体の規則

　地方自治法では「地方公共団体の長は、法令に違反しない限りにおいて、その権限に属する事務に関し、規則を制定することができる。」と規定されています。規則は公布・施行されてはじめて効力を生じ、その効力は、自治体の区域内に限られます。

公の施設とは…

　普通地方公共団体の住民の福祉を増進する目的で住民の利用に供するための施設のことを言います。具体的には、体育館、美術館、図書館、学校、公園、道路などですが、その設置や管理は住民にとって重要な事項であるため、議会による審議を経る条例で定めるように規定しています。また、必要な場合には、条例の定めるところにより、指定管理者に管理を行わせることができるようにし、その場合であっても、管理のあり方に住民の意思を反映させる必要があることや使用許可などを指定管理者が行うことがあるため、指定管理者の指定手続、管理の基準や業務範囲等の事項を条例で定めるものとしています。

　同一の事項について、条例と規則の両方が定められていれば、条例が優先します。

　前述のように、住民に義務を課し、権利を制限する内容については、原則として規則で定めることはできません。また、規則では罰則規定を設けることはできませんが、規則に違反した者に対して、行政罰としての過料を科することができる場合があります。

3 その他

　厳密な意味では、法令には含まれませんが、類似の定めとして次のようなものがあります。

○告示

　告示とは、内閣、府省庁や自治体等の公の機関が行う指定、決定等必要な事項を公式に広く知らせるために公示する行為又はその形式のことをいいます。国の官報や自治体の公報に掲載する方法等で行われ、その一部が法令としての性質を含むことがあります。

○要綱

　自治体内部の取扱いルールを文書化した「要綱」や「規程」等があります。これらは、公にされているか否かにかかわらず、あくまで「内部での取扱いを決めているルール」であり、住民に対する強制的な効力はないものです。ただし、「補助金交付要綱」のようなものについては、補助金の交付を受けるためのルールであり、その範囲では対外的な効力を持つと考えられます。また、要綱は、住民に対して一方的に「義務を課し、権利を制限する」内容を決めることはできませんが、宅地開発等の分野において、行政指導の基準等として定められるケースもあります。

（2）条例の種類と条例制定権の範囲

　憲法や地方自治法で規定されているように、「法律の範囲内で」、あるいは「法令に違反しない限りにおいて」、地域における事務等に関して条例

を制定することができます。

　具体的には、その自治体内で

①　法律の委任に基づき、法律の内容を実施するために制定する（委任条例）

②　自治体独自のルールを制定する（自主条例）

という２つのパターンがあります。

1 委任条例

　法令で条例の制定を委任している事項について定める条例であり、事務執行のための条例です。

　例えば、地方税法では、「地方団体は、その地方税の税目、課税客体、課税標準、税率その他賦課徴収について定をするには、当該地方団体の条例によらなければならない」と規定しています。このような場合、各自治体は地方税法にあるように税目等を定める必要があり、税条例を制定しています。

　同様の例として、消防法に基づく火災予防条例、介護保険法に基づく介護保険条例等があります。

2 自主条例

　情報公開条例、路上喫煙禁止条例等、住民により近い立場にある自治体が、地域の課題に対応するルールを設け、国に先行して条例で規制してきたという経緯があります。例えば、国の情報公開に関する法令は、国の行政機関については適用の対象としていますが、自治体に対しては直接適用せず、条例に委ねています。

　このように、その地域独自の課題に着目し、その課題の解決手法として、条例を活用することは、１つの有力な手法であると考えられています。

3 法令に定めがない場合に、条例の制定は可能か

　国の法令で規定されておらず、また、条例で独自に規定することが禁止されていないと考えられる場合には、自主条例を制定することは可能と考えられます。ただし、その場合には、「立法事実」があるか否かについて、慎重に検討する必要があります。

　立法事実とは、法律（自治体の場合は条例）を制定する必要性＝立法目的があり、その目的を達成するための手段が合理的であることを根拠づける社会的、経済的な事実です。この「立法事実」がなければ、条例を制定する意味はありません。

　なお、法令に定めがある場合であっても、条例の規制目的が法律の目的と異なる場合には、理念的には、法律が定める基準よりも厳しい内容を規定した独自の条例を制定することは可能です。

4 都道府県条例と市町村条例との関係

　法律と条例との関係においては、法律が上位に立つことは前述のとおりです。都道府県条例と市町村条例が同じものを規制する場合、どちらがより優先されるでしょうか。自治体相互の関係のところでも触れましたが、地方自治法では、「市町村及び特別区は、当該都道府県の条例に違反してその事務を処理してはならない」、これに違反して行った「地方公共団体の行為は、これを無効とする。」と規定されていることから、原則として都道府県条例が優先されます。ただし、そもそも都道府県と市町村の両者が、同一の対象を条例で規制するような「抵触関係」にならないようにすべきです。

·········第6章·········
知っておきたい知識

この章では、自治体職員が業務を行う上で何らかの関わりを持つ「お金」に関係する制度（地方財政、地方税、予算・決算、財務規程、契約）と「情報」に関係する制度（情報公開制度と個人情報保護制度）を説明します。少し難しいかもしれませんが、知っていれば必ず役に立ちます。

Ⅰ 地方税財政にかかわる知識

1 地方財政の仕組み

（1）国と地方の仕事の範囲

　地方自治法では、国は、国家としての存立にかかわる事務や、全国的に統一して行うことが望ましい事務等を担当し、他方、住民に身近な行政はできる限り自治体に委ねるという基本的な考え方の下で、自治体は地域における事務を担当すると整理されています。

　具体的には、例えば、国防や外交、司法、年金に代表される社会保険等は国の事務と、地域住民のために行われる各種の福祉事業や学校教育、警察、消防等は自治体の事務と整理されます。

図　国と地方との行政事務の分担

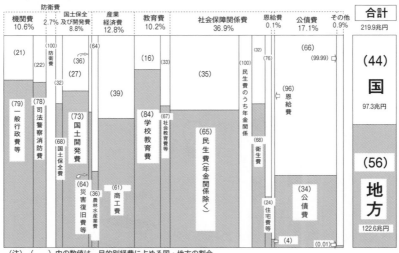

　（注）（　）内の数値は、目的別経費に占める国・地方の割合
　　　　計数は精査中であり、異動する場合がある。

（出典：総務省地方財政関係資料）

　そして、国と地方の事務の配分について、経費の支出額で比較してみると、国の事務が約４割、自治体の事務が約６割となっています。

（２）　税財源の再配分

　国と地方の事務を行うにあたり、必要な費用については、国は国税で、地方はそれぞれの自治体ごとに、自ら収入できる地方税で賄うことが理想です。

　実際の国税と地方税の収入額を比較してみると、国が６、地方が４の割合になっています。また、個別の自治体同士の間でも、経済活動の集積度の違い等により、税収に差が生じているなど、必ずしもそれぞれの収支が均衡しているわけではありません。

　このような状況下で、全ての自治体が適切に事務を行えるようにするためには、税財源の再配分が必要に

図　国税と地方税の割合（令和３年度）

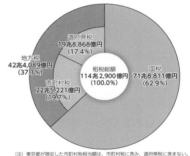

（注）東京都が徴収した市町村税相当額は、市町村税に含み、道府県税に含まない。

（出典：令和５年版地方財政白書）

図　令和３年度の国・地方間の税財源配分

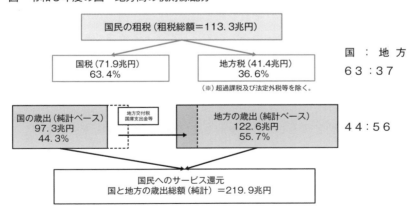

（出典：総務省地方財政関係資料）

なります。

　まず、国と地方の関係においては、国税収入の一部を、国庫支出金（国庫負担金、補助金等）や後述する地方交付税といった形で、国から地方に移転することによって、最終的に国が４、地方が６となるよう再配分し、地方全体としての財源を確保しています。

　さらに、個別の自治体同士の差については、後述する地方交付税制度により、調整する仕組みが設けられています。

（3）地方財政計画

　自治体が円滑に事務を実施できるようにするためには、財源の確保が必要です。この財源については、全国の自治体の合計として捉えるマクロの視点と、個別の自治体について捉えるミクロの視点の両方から考える必要があります。

　前者について、国では、毎年度、地方財政計画を策定しています。

　地方財政計画の役割は、大きく分けて、３つあります。

　１つ目は、全国の自治体が標準的な行政水準を確保できるよう地方全体としての財源保障をすることです。

　そのため、地方財政計画では、地方財政全体の標準的な歳出について、見積もられます。そして、それを賄う財源として、国からの補助金等のほか、地方税、地方交付税等の合計が不足しないよう策定されます。

　２つ目は、策定過程で、国の予算も反映しつつ、自治体に必要な行政経費を見積もること等を通じて、地方財政と国家財政との整合性を確保することです。

　３つ目は、自治体としての標準的な歳出や、国税の動向等を踏まえた歳入の見込みが示されることで、自治体の毎年度の財政運営の指針になるということです。

（4）地方交付税

1 地方交付税の役割

　自治体の税収は、例えば人口1人あたりの税額で見ると、最大の東京都は、最小の長崎県の2.3倍（令和3年度決算）になっているなど、自治体ごとに差があります。

　このように税収が異なる自治体の財源を、個別の自治体について、ミクロで保障する制度が地方交付税制度です。

　地方交付税は、自治体間の財源の不均衡を調整し、全ての自治体が一定の水準の行政を維持できるよう財源を保障する見地から、国税として国が代わって徴収し、一定の合理的な基準によって再配分する、いわば「国が地方に代わって徴収する地方税である。」とされています。

　また、地方交付税は、自治体が自主的な判断により使用できる一般財源であり、国がその使途を制限したり、条件をつけたりすることは禁じられています。

　さらに、地方交付税総額の94％は普通交付税、6％は特別交付税とされています。特別交付税は、普通交付税を補完するもので、災害など、普通交付税の算定過程で捕捉されない特別の財政需要等を考慮して決定・交付されます。

2 総額決定の仕組み

　まず、歳入面からは、地方交付税法第6条で国税5税の一定割合（表参照）で地方交付税の総額が計算されます。

表　地方交付税の財源

税目	所得税	法人税	酒税	消費税	地方法人税
率	33.1%	33.1%	50%	19.5%	全額

　他方で、歳出面からは、**3**で説明する個別の自治体で必要とされる地方交付税の金額の総額です。これらの歳入ベースと歳出ベースとで金額に差が生じる場合には、財源不足の状況等を勘案して、国の一般会計からの加算や自治体が発行する地方債等により、必要な額の確保が図られます。

3 個別の自治体に対する普通交付税額決定の仕組み

　個別の自治体が受け取る地方交付税の額の算出方法は、次の算定方法によっています。

　まず、それぞれの自治体が標準的な運営をした場合に必要とする支出額（これを「基準財政需要額」といいます。）を算出します。次に、標準的に収入できると見込まれる税額を算出し、その75％の金額を求めます（これを「基準財政収入額」といいます。）。

　「基準財政需要額－基準財政収入額」がプラスであれば、普通交付税が交付されない不交付団体になります。逆にマイナスであれば、普通交付税が交付される交付団体となり、その差額が基本的には地方交付税の額となります。税収の少ない自治体ほど、多くの交付税を受け取る仕組みになっているため、自治体間の財政的な不均衡を是正する仕組みになっています。

　なお、標準的な税収入の25％にあたる部分は、留保財源と呼ばれ基準財政需要額に算入されません。地方税収入の全額を算入しない理由としては、①基準財政需要額であらゆる需要を捕捉することはできないので余裕財源が必要であること、②全額算入すると独自の施策を行う財源がなくな

ることや、自治体の自主的な税収確保の意欲を阻害すること等が挙げられ
ます。

　留保財源の仕組みがないとすると、地方交付税の交付団体の場合、自助
努力によって税収を増やしたとしても、その分だけ地方交付税の交付額が
減ることになり、結局総額としての収入額は変わらなくなってしまいま
す。そこで、税収の一定割合は、地方交付税の算定対象から除くことで、
自治体の税収確保努力を促す仕組みとしているのです。

図　地方交付税算定の仕組み（普通交付税）

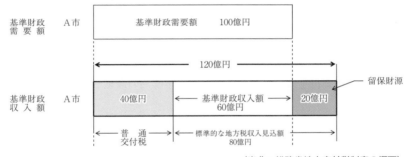

（出典：総務省地方交付税制度の概要）

217

（5）地方債

　地方債は、自治体が第三者から資金の借り入れを行うことによって負担する一会計年度を超える債務です。

　地方債は、自治体の「借金」であり、その返済が後年度の財政負担をもたらすため、安易にこれに頼ることは許されません。このため、地方財政法では、「地方団体の歳出は、地方債以外の歳入をもってその財源としなければならない。」とするとともに、地方債を財源とすることができる経費を次のようなものに限定しています。

　それは、①多額の建設費を必要とし、数十年あるいはそれ以上の期間にわたって住民の利用に供される道路や橋梁のように、後世代の住民と現世代の住民との世代間の負担の公平を図る必要がある経費、②災害対策費等の単年度に多額の財源を必要とする事業の円滑な執行を確保するとともに、財政負担を後年度に平準化するという年度間の調整を図る必要がある経費等です。

　なお、例外的に、地方交付税を補填するために導入された臨時財政対策債のように、一般財源の不足を補填する目的で発行されるものもあります。

　令和2年から全国に感染が急拡大した新型コロナウイルス感染症は、我が国の経済活動全体にも大きな影響を及ぼしました。そのため自治体の税収額の大幅な減少が見込まれたことから、令和3年度の臨時財政対策債の発行上限額が大幅に増えるなど、地方財政に対しても大きな影響が生じました。

2　地方税

（1）租税法律主義

　憲法では、税を課すには必ず法律の根拠を必要とするとしており、これを租税法律主義といいます。

> **●日本国憲法**
> **第84条**　あらたに租税を課し、又は現行の租税を変更するには、法律又は法律の定める条件によることを必要とする。

（2）地方税の仕組み

　地方税は、自治体の収入の根幹を成すもので、自治体が行う様々な事業の財源となるものです。

　自治体が、税を賦課、徴収する権限、つまり課税権は、租税法律主義により、地方自治法及び地方税法に規定されています。国民は地方税とともに国税も負担する義務があるため、双方の役割分担を考慮して税の体系を組み立てるためには、法律で大きな枠組みを定める必要があるからです。

　一方、税率等のように法律の範囲内で自治体の裁量が認められている場合や、自治体が地域の実情等に応じて独自に課税する場合もあります。地方税法では、税目、課税客体、課税標準等についての規定は、条例によらなければならないと規定しており、個別の税についての直接の根拠は、自治体の条例とされています。

　このように、地方税については、制度の大枠を定める地方税法が背景としてあるものの、個別の地方税の賦課徴収の直接的な根拠は、自治体の条例となります。

（3）地方税の基本用語

　税については、普段聞きなれない用語が多く登場します。その中から、基本的なものを説明します。

1 税の負担者や負担する能力

税源	税を賦課する対象となる個人や法人の所得や財産等です。
課税客体	税を賦課する対象となる物や行為です。例えば、固定資産税の課税客体は、土地や家屋等です。
納税義務者	租税債務を負担する者、すなわち税を納める義務を課される者です。
課税標準	税額計算のため、課税客体の大きさを数字（多くの場合は金額）で表したものです。原則として、「課税標準×税率」が税額になります。例えば、固定資産税では、課税標準は不動産の評価額です。

2 税の分類

　税は、その目的や使途等によって、複数の視点から分類することができます。代表的な分類を以下に挙げます。

①税の負担者と納付者に着目した分類

直接税	納税者義務者と税を負担する者が同じ税です。所得税・住民税や固定資産税が代表的な税です。
間接税	納税義務者が税を財やサービスの価格等に転嫁し、実際に税を負担する者と、納税義務者が異なる税です。消費税が代表的な税です。

②税の使途に着目した分類

普通税	税金の使途が特に決まっていない税、すなわち、一般経費に充てられる税です。
目的税	税収を特定の経費に充てることが決まっている税です。

③税の創設主体に着目した分類

法定税	国の法律によって定められた税です。我が国の税のほとんどは、法定税です。
法定外税	法律に定めがなく、自治体の条例で創設し、課税する税です。法定外税にも、税の使途が決まっているかどうかにより、法定外普通税と法定外目的税の2種類があります。

④課税対象に着目した分類

課税の対象が、どのような性質のものかによる分類です。

所得課税	個人の所得や法人の利益など、経済活動の結果、生み出された金額（経費を差し引いた後の儲け）に対して課税します。所得税や法人税が代表的な税です。
資産課税	経済的な価値を持つものを所有していることに対して課税します。固定資産税が代表的な税です。
消費課税	物やサービスを使うために買うこと、つまり消費に対して課税します。消費税や酒税が代表的な税です。

3 税率

税率は、税額の計算をするため、法律や条例によって定められます。地方税の税率は、自治体が変えることができない税もありますが、法律の範囲内で自治体が税率を決定できる裁量のある税も多くあります。しかし、実態としては、標準税率を超えて課税されている税はほとんどありません。

税率	税額を算出する際に、課税標準に乗じる率です。地方税では、条例でこの率を定めます。
標準税率	自治体が課税する場合に通常適用すべきものとして地方税法に規定されている税率です。財政上の必要等があれば、標準税率を超える税率（超過税率）を条例で定めて課税することができます（超過課税）。また、標準税率よりも低い税率で課税することも可能です。なお、標準税率と異なる税率を条例で定めて課税した場合、地方交付税の算定上は標準税率が用いられます。
制限税率	超過課税する場合の限度を法律が定めている場合の上限とされた税率です。自治体は制限税率を超える税率を条例で定めて課税することはできません。
一定税率	自治体が、これ以外の税率を採用することはできないものとして、地方税法に定められている税率のことです。例えば、道府県民税の利子割、地方消費税等の税率です。

（4）課税の原則と地方税の特徴

　税は、法律及び条例に基づいて、国や自治体が強制力を持って徴収するものです。

　そのため、適切に賦課、徴収を行うための考え方として、税の仕組みが備えるべき原則があると言われています。担税力（税を負担する能力）に応じて平等に課税する「公平の原則」、税が経済活動に偏った負担や影響を与えないようにする「中立の原則」、納税者にとって分かりやすい仕組みとする「簡素の原則」が有名です（租税3原則）。この原則は、国税、地方税ともに当てはまるものです。

　自治体は、住民に直接行政サービス等を提供しているため、地方税には、この3原則のほかにも、次のような考え方があります。

普遍性の原則	自治体が提供する行政サービスに地域格差が生じないよう、税源が一部の地域に偏っていないことが望ましいということです。
安定性の原則	自治体の提供する行政サービスは、どのような社会情勢下でも安定して供給されることが重要であり、その財源となる税収が景気に左右されにくいことが望ましいということです。
負担分任原則	自治体の提供する行政サービスは、住民全体に及ぶため、住民が広く、平等に負担することが望ましいというものです。
応益原則	住民が、行政サービスから受ける受益の度合いに応じて負担をするという考え方です。
自主性の原則	自治体が、独自の課税を行う課税自主権を持ち、自らの判断と責任で課税、徴収すべきという考え方です。

（5）地方税の体系

　地方税は、道府県が課税する「道府県税」と市町村が課税する「市町村税」の2種類に分かれます。

　なお、東京都と特別区については特例があり、市町村税のうち、法人市町村民税、固定資産税等の一部の税目を東京都が課税し、特別区はそれ以外の市町村税を課税することとされています。

図　地方税の体系

		国税	地方税			国税	地方税	
所得課税		所得税 法人税 特別法人事業税 復興特別所得税 地方法人税 森林環境税＊	道府県税	道府県民税 事業税	消費課税	消費税 酒税 たばこ税 たばこ特別税 揮発油税 地方揮発油税 石油ガス税 自動車重量税 航空機燃料税 石油石炭税 電源開発促進税 国際観光旅客税 関税 とん税 特別とん税	道府県税	地方消費税 道府県たばこ税 ゴルフ場利用税 軽油引取税 自動車税(種別割・環境性能割) 鉱区税 狩猟税
			市町村税	市町村民税			市町村税	市町村たばこ税 軽自動車税(種別割・環境性能割＊＊＊) 鉱産税 入湯税
資産課税等		相続税 贈与税 登録免許税 印紙税 地価税(課税停止中)	道府県税	不動産取得税				
			市町村税＊＊	固定資産税 事業所税 都市計画税 特別土地保有税 (課税停止中)				

＊森林環境税は、令和6年度から個人住民税均等割の枠組みを用いて、国税として市町村が賦課徴収する予定である。

＊＊そのほか地方税として資産課税等の市町村税に、共同施設税、宅地開発税がある。また、都道府県、市町村のいずれも課すことができる税として、水利地益税、法定外普通税、法定外目的税がある。(このほか、国民健康保険の保険料にあたる徴収金を国民健康保険税として徴収する市町村もある。)

＊＊＊軽自動車税(環境性能割)は、市町村の税であるが、当分の間、道府県が徴収する。

(出典：市町村アカデミー作成資料を加工)

(6) 主な地方税

1 道府県税

　区域内の個人、法人に対して課税する道府県民税と事業を行う個人、法人に対して課税する事業税が、税収全体の半分以上を占めています。これらは、法人関係税を中心に景気の動向の影響を受けやすいことから、安定性に課題があるといわれてきました。また、税源が都市部に偏っており、自治体間の税収格差も問題となっています。

　なお、所得に対して課税する事業税は、赤字企業は納税不要ですが、企業活動を行う上で、自治体から一定の便益を受けているのに、納税しないのは不公平といった考えもありました。そこで、平成16年度から、資本金

図　令和３年度道府県税の状況

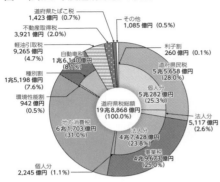

道府県たばこ税
1,423億円（0.7%）

不動産取得税
3,921億円（2.0%）

軽油引取税
9,265億円
（4.7%）

自動車税
1兆6,140億円
（8.1%）

種別割
1兆5,198億円
（7.6%）

環境性能割
942億円
（0.5%）

地方消費税
6兆1,703億円
（31.0%）

個人分
2,245億円（1.1%）

道府県税総額
19兆8,868億円
（100.0%）

その他
1,085億円（0.5%）

利子割
260億円（0.1%）

道府県民税
5兆5,658億円
（28.0%）

個人分
5兆282億円
（25.3%）

法人分
5,117億円
（2.6%）

法人分
4兆7,428億円
（23.8%）

事業税
4兆9,673億円
（25.0%）

（出典：令和５年版地方財政白書）

が１億円を超える企業については、所得以外に、資本金や従業員に支払う賃金など、企業の規模に応じて税額を算定する外形標準課税の仕組みが取り入れられました。

2 市町村税

　区域内の個人、法人に課税する市町村民税と不動産の所有者に課税する固定資産税が市町村税の全体の８割以上と大きな割合を占めています。このうち、固定資産税は、税源の普遍性があることや、景気変動の影響を受けにくく、安定した税収の確保につながることから、市町村税の中でも重要なものとされています。

図　令和３年度市町村税の状況

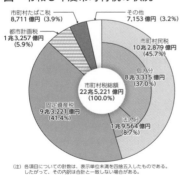

市町村たばこ税
8,711億円（3.9%）

都市計画税
1兆3,257億円
（5.9%）

市町村税総額
22兆5,221億円
（100.0%）

固定資産税
9兆3,221億円
（41.4%）

その他
7,153億円（3.2%）

市町村民税
10兆2,879億円
（45.7%）

個人分
8兆3,315億円
（37.0%）

法人分
1兆9,564億円
（8.7%）

（注）各項目についての計数は、表示単位未満を四捨五入したものである。
　　　したがって、その内訳は合計と一致しない場合がある。

（出典：令和５年版地方財政白書）

3 予算決算

（1）自治体の財務と法律

　自治体の財務は、団体内部の事務ですが、全て法律の規定に基づいて行われています。自治体の財務に関係する主な法律は、まず地方自治法があります。地方自治法は、第9章を財務にあて、財務の仕組みを定めています。また、地方財政法は、自治体の借金である地方債に関する規定や、国と地方の財政上の関係等について定めており、自治体の財政の健全性の確保を目的としています。そのほか、国が徴収した税を一定の基準に基づいて地方に配分することを定めた地方交付税法等があります。

　特に地方自治法の規定は、財務事務を行う直接の根拠となっています。さらに、自治体は、予算の執行や契約の方法等について詳細を決めている規則を定めています。

　これらの法律や規則の一部の条文は、日常の事務で参照することも必要なので、職員としてその内容を知っておくことが必要です。

（2）予算

　予算とは、自治体の1年間の収入の見込みと、支出の計画をまとめたものです。自治体が様々な施策を実施するには費用が伴いますが、それが賄える裏付けが必要です。また、財源をどのような施策に、どのくらい振り分けるかを決めなければなりません。予算は、こうした自治体の運営を、金銭で表したものといえます。

（3）単一予算主義と会計の種類

　自治体の予算には、一般会計と特別会計の2種類があります。基本的な経理は、全て一般会計という1つの会計で行い、これを単一予算主義といいます。

　その例外が、特別会計です。特定の事業を行う場合に、その収支を一般

会計とは別に経理すべきもので、条例で設置するものとされています。ただし、法律で設置が義務付けられているものについては条例は不要です。その代表的なものとしては、国民健康保険事業や介護保険事業の特別会計があります。

（4）予算の原則

1 総計予算主義

　これは、予算を計上する場合、全ての収入と全ての支出を（民間企業であれば経費や収益にあたらないもの等を含めて）漏れなく予算に計上する必要があるということです。

　例えば、最近、自治体の広報紙に広告を掲載し、広告料を取ることが行われています。このとき、発行にかかった正味の費用は、印刷等の経費から広告料を差し引いた金額です。総計予算主義に従えば、広報紙発行の費用として、広告収入を相殺した正味金額を計上するのではなく、広告料は収入として、その全額を歳入に計上し、経費もその全額を歳出に計上しなければなりません。

●地方自治法
第210条　一会計年度における一切の収入及び支出は、すべてこれを歳入歳出予算に編入しなければならない。

---

2 会計年度独立の原則

　この原則は2つの要素からなっています。1つは、ある年度の支出は、その年度の収入で賄わなければならないということです。もう1つは、ある年度の支出はその年度内に行わなければならないということです（地方自治法第208条第2項）。

　この原則を適切に運用するために、ある収入や支出がどの年度に属するかを決める「会計年度所属区分」という基準があります。具体的には、地方自治法施行令の規定により、主な歳入や歳出については、その性質に応

じた年度区分の基準が決められています。例えば、税等の収入はその納期の末日が属する年度、給与・手当の支払は勤務期間の属する年度、工事等の支払はその履行を確認した日の属する年度に分類します。

●**地方自治法**

第208条　普通地方公共団体の会計年度は、毎年４月１日に始まり、翌年３月31日に終わるものとする。

2　各会計年度における歳出は、その年度の歳入をもつて、これに充てなければならない。

---

3 出納閉鎖

実務では、年度末に行った契約の場合、請求書が翌年度になってから届くこともあります。

この場合も、原因となった行為は前年度中に行っていますので、支払は、前年度の予算から行います。４月１日に前年度の収入や支出を締め切ると、こうした場合に支障が生じるため、この締め切りは５月31日とされており、これを出納閉鎖といいます。そのため、４月１日から５月31日までの間、前年度の収入や支出を行うことができ、この期間を出納整理期間と呼びます。しかし、この期間中でも、契約等の支払の原因となる行為を前年度の予算で行うことはできません。

4 予算の調整

自治体の予算は、多岐にわたる複雑なものです。そこで、法律や省令に基づいて、一定の分類によって区分、編成することとされており、予算統一の原則といわれることもあります。具体的には、地方自治法では、「款」に大別した上で「項」に区分することが規定され、さらに、総務省令において、最も大きな区分から順に、「款」「項」「目」「節」という名称で、細分化される様式が示されています。

歳入は、税、補助金といった性質で分類し、歳出は、総務費、民生費と

いった目的によって分類します。

5 事前議決の原則

　予算を編成する権限は、自治体の長に限られています。長は、当初予算を、年度開始前に議会に提出し、その議決を経なければなりません。

6 予算公開の原則

　長は、予算の議決があったら、直ちにその内容を住民に公表しなければなりません。

（5）予算の種類

　自治体の予算には、次のようなものがあります。

当初予算	毎年度、その年度の全ての収入と支出を年度の開始前に見込んで計上する通常の予算です。
補正予算	当初予算が成立した後に、当初は見込んでいなかった事由が発生したとき、その額の増減や、内容の加除を行うものです。
暫定予算	年度開始までに予算が成立しない場合に、期間を限って最小限の経費で編成する予算です。

　このほか、法律に定めがあるものではありませんが、首長の選挙等の理由により、必要最小限の経費だけを計上する骨格予算等があります。

1 予算の内容

　予算は、次の内容から構成されています。

歳入歳出予算	当該年度に見込まれる全ての収入、支出について、項目と金額を見積もったものです。歳入は予算額を超えて収入することができますが、歳出は、予算額を超えて支出することはできません。
継続費	大規模な工事など、あらかじめ複数年度にわたることが分かっている事業等のためのものです。その事業に必要な総額と各年度の支出額を定めるもので、会計年度独立の原則の例外です。

繰越明許費	予算編成の時点で、何らかの理由により、年度内に支出が完了しない見込みがあるとき、1度だけ翌年度に予算を繰り越して使うことができるものです。これも会計年度独立の原則の例外です。
債務負担行為	自治体が、将来の債務を負う原因となる行為を行う場合、その内容を定めておくものです。

　このほか、金融機関等から借入れを行い、翌年度以降に償還する地方債、年度中の一時的な資金不足を補うために借り入れる一時借入金、年度中に不足が生じた予算科目に対して、余剰が生じた予算科目から金額を移す流用（各項間の流用）が、予算を構成するものとなっています。ただし、流用は補正予算のみに認められます。

2 予備費

　予算は、もともと目的をもって計上されるものですが、将来の不測の事態等の発生に備えて、目的を定めないで予備費として歳入歳出予算に計上しておき、予算外の支出又は予算超過の支出に充てることが認められています。予備費は、一般会計においては必ず計上するものとされています。

(6) 決算

　決算とは、一会計年度が終わった後、その歳入歳出予算の執行の結果、すなわち、確定した金額をまとめたもので、会計管理者※が作成します。会計管理者は、出納閉鎖後3か月以内に、自治体の長に対して決算に必要な書類を作成し、提出しなければなりません。

※会計管理者：自治体の出納や現金の管理等を行う責任者のこと。自治体の長によって命じられる。

　予算の適正な執行が行われたことを客観的に確認するため、自治体の長は、決算書類の提出を受けたら、まず、監査委員の審査を受け、さらに決算に監査委員の意見を付けて、議会の認定を受けなければなりません。また、認定後は、その内容を住民に公表しなければならないこととされています。

4 収入

　自治体の収入とは、法令や契約等の根拠に基づいて行われる現金の収納をいいます。収入した現金は、予算の分類に基づいて整理しますが、予算が収入の直接の根拠ではないため、予算科目にない収入が発生した場合でも、収入することができます。

（1）収入の種類

　地方自治法に規定された主な収入として、次に掲げるものがあります。

地方税	地方税を賦課するには、必ず法律の根拠が必要です。また、具体的な賦課の内容は条例で定めなければなりません。地方税の詳細は 2 地方税（219頁）で述べたとおりです。
分担金	自治体が行う事業で一部の人が利益を受けるような場合、その受益の限度において徴収することができるものです。
使用料	公立の体育館や下水道など、自治体が設置した施設等を利用する場合に徴収することができるものです。
手数料	住民票の発行など、特定の人のために行った事務の対価として徴収するものです。

　このほか、国や都道府県からの補助金や交付金、土地等を売却したときの代金等の私人と同様の契約等に基づく収入、私人からの寄附金等があります。

（2）収入の手続

調定	収入の年度や金額、納期限等に誤りがないことを確認する自治体内部の意思決定行為です。実際に現金等を収入する前に、行っておく必要があります。
納入通知	調定を行った後、所属年度、歳入科目、金額、納期限、納入場所、請求の事由を記載した納入通知書を納入の義務者に対して送付しなければなりません。
収入の方法	収入の方法は、現金、証紙、口座振替等によります。近年では、納付の利便性を高めるため、LINE PayやPayPayなど、ICT技術を活用した新しい収入の方法も行われ始めています。

5 支出

　支出は、予算の執行を行うもので、自治体の支出も法令に定めるところ
に従って行われます。

　特に、支出は、地方自治法のほかに、地方自治法施行令及び地方自治法
施行規則、さらに各自治体が定める規則に、具体的な内容が規定されてい
ます。

　どのような部署に配属されても日常的に行われることですから、その根
拠をしっかり覚えておくことが大切です。

（1）自治体の支出

　自治体の支出には、2つの機関がかかわっています。1つは、契約な
ど、支出の原因となる行為を行い、支払を決定する者で、これは自治体の
長です。もう1つは、支払行為を行う出納機関で、これは会計管理者で
す。

（2）支出の手続

　自治体の支出は、次頁の図の流れに沿って行われます。

1 支出負担行為

　支出負担行為は、契約等の支出の原因となる行為です。

　具体的には、どのような理由、原因により、いつ、だれに、いくら支払
うべきかを決めるものです。支払の原因となることには、補助金の支払等
の行政の事務として行うべき行為、物品の購入等のモノやサービスの対価
としての支払、給与等の労働の対価としての支払等があります。

　これは、本来、自治体の長の権限ですが、実務では、支払の金額に応じ
て部長、課長等に権限が委任されています。

図　自治体支出の流れ

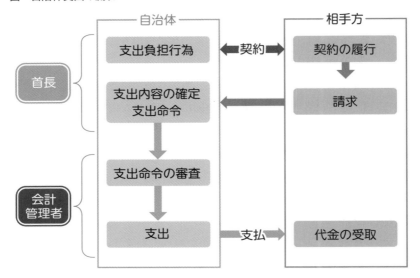

2 支出命令

　支出命令は、自治体の長が、出納の責任者である会計管理者に対して、支払を命ずるものです。

　このとき、支払をすべき内容は、支出負担行為において決定していますので、その決定内容どおりに支出の原因となる契約等の義務が履行されていることを確認した上で、支出命令を行います。

　支出命令も自治体の長の権限ですが、実務では、支出負担行為と同様に、支払の金額等に応じて、部長、課長等に権限が委任されています。

3 支出負担行為兼支出命令

　支出負担行為と支出命令は、別々の行為で、必ず先に支出負担行為が行われていなければなりません。しかし、実務上、この2つを同時に行う場合があります。自治体の規則で定められており、「兼命令」「同時決裁」などと呼ばれているものです。

　これは、あらかじめモノやサービスの使用量や金額を決めておくことが難しい電気料金や電話料金、給料のように、別に内容が決められていて、変更の余地がないもの、頻繁に行われる少額の物品購入等が対象となります。

　これらは、便宜上、2つの行為を同時に行っているにすぎません。そのため、対象も規則で厳しく限定されており、あくまで例外的な方法であることを忘れてはいけません。

（3）支出の原則

　支出命令を受けた会計管理者は、その内容が法令・予算に違反しておらず、支出負担行為に係る債務が確定していること（内容に誤りがないこと）を確認して支払を行います。これを「支出命令の審査」と呼んでいます。法令に違反していないことは、当たり前ですが、内容については、次のような事項を確認します。

　　・支払金額が確定していること
　　・支払時期が到来していること
　　・支払の相手方が正しいこと
　　・支払の会計年度区分や科目が正しいこと

　実務では、これらに誤りが見つかって、会計部門から支出命令が返戻され、訂正等を行わなければならないこともあります。そうなると、相手方への支払も遅れる場合もありますので、支出命令を行うときに、十分確認しておく必要があります。

（4）支出の例外

　支出には、以上のような原則どおりに手順を追えない場合もあるため、例外的な支出方法が認められています。そして、これらについては、地方自治法施行令に具体的な規定があるほか、同施行令からの委任により、自治体の規則にも対象が定められています。

資金前渡	職員が債権者に対して直接支払をするために、あらかじめ概算額の現金を当該職員に渡しておくことをいいます。例えば、講師への謝礼を講演会場で支払う場合や、出張の際の宿泊料を現地で支払う場合等があります。
概算払	債権者は確定しているものの支払金額が未確定の場合に、あらかじめ概算額を支払っておき、金額が確定した後で精算を行うものです。例えば、年度末に精算をする補助金を概算払いで年度当初に交付すること等があります。
前金払	自治体の支出は、債務の履行が済んでから行う「後払い」が原則です。前金払は、金額が確定した債務について、相手が債務を履行する前に支払を行うものです。具体的には、工事請負費の一部を着工時（完成前）に支払う場合や、前もって支払をしないと契約ができない保険料等が該当します。
繰替払	該当事例は少ないものですが、自治体が支払を受けた金額を、支出に使用するもので、支出命令に基づかない点で特例です。例えば、地方税を納期前に全納した場合に支払われる報奨金等が該当します。
隔地払	債権者が外国にいるなど、通常の方法で支払ができない場合に行う方法です。あらかじめ遠隔地の金融機関に送金をしておき、債権者にその旨の通知をして、金融機関の窓口で現金を受け取ってもらいます。
口座振替	自治体の支払は、現金や小切手による方法のほか、金融機関に預金口座を設けている相手が希望する場合は、口座振替によることができます。莫大な件数・金額を扱う自治体が、全ての支払を現金・小切手で行うのは現実的ではありません。そのため、実際の支払の多くは、口座振替により行われています。

表　支出の例外のまとめ

	金額の確定	支払時期の到来	債権者に対する支払	精算の有無
資金前渡	×	×	×	○
概算払	×	×	○	○
前金払	○	×	○	×

6　契約

　契約とは、民法では、対等な地位にある当時者の一方があることを申込み、他方がこれを承諾したときに成立します。自治体が結ぶ契約も、原則は同じですが、自治体独自の規定も多くあります。うっかり、こうした規定を忘れてしまうと、契約が無効といったことにもなりかねませんので、しっかり覚えておきましょう。

（1）契約と議会

　契約は、自治体の長が行う行為ですが、一定の条件を満たす契約は、議会の議決が必要とされています。この条件とは、工事又は製造の請負に関する契約で予定価格が政令で定められた金額以上というものです。具体的には、各自治体の規則で金額が定められています。

　これに該当する場合は、入札等により契約の相手方が決まった段階では、仮契約を結び、議会の議決後に本契約を結ぶことになります。

表　議会の議決を必要とする契約

工事又は製造の請負	都道府県	5億円以上
	指定都市	3億円以上
	市（指定都市以外）	1億5,000万円以上
	町村	5,000万円以上

図　契約の流れ

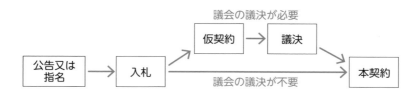

235

（2）契約の方法

　自治体が契約の相手方を決めるときには、次の①〜④の方法のいずれかによらなければなりません。

① 　一般競争入札

② 　指名競争入札

③ 　随意契約

④ 　せり売り

　一般競争入札の方法によることが原則です。

1 競争入札

① 　一般競争入札

　ある契約に関して、公告によって条件を示し、不特定多数の者を入札に参加させることによって競争させ、その中で最も有利な条件を提示した者を落札者として契約を締結する方法です。

　ただし、契約内容を履行するための資格や能力がない者や過去の入札において不正をした者、暴力団に関係する者など、一定の要件に当てはまる者は、入札に参加できません。

② 　指名競争入札

　契約の内容に応じて、自治体がその契約内容の履行にふさわしいと判断する特定多数の者を指名し、それらの者に一般競争入札の手続に準じて競争を行わせ、その中で最も有利な条件を提示した者を落札者として契約を締結する方法です。

　この方法を採ることができるのは、契約の性質や目的が、一般競争入札に適しないときや契約を締結できる能力を持つ者の数が少ない場合等です。実務上は、事務的な効率性等の観点から、この方法がよくとられます。

③ 　条件付一般競争入札

　これまで、地方自治法上は一般競争入札が標準的な方法でありながら、実務上は指名競争入札が多く行われることが続いてきました。しかし、指

名競争入札は、業者指名の透明性確保や同じ業者ばかり指名される可能性を排除できないなどの課題があることから、できるだけ一般競争入札を行うよう国、自治体で取り組みが行われています。

　その一つが、条件付一般競争入札で、一般競争入札の課題をある程度解決しつつ、広く競争を行えるようにするものです。具体的には、入札参加の条件として、企業の規模や本社の所在地がその自治体内にあるかなどを設定し、これを満たしていれば、誰でも入札に参加できるという仕組みです。この方法によって、応札者を契約履行する能力のある企業に絞ったり、自治体内の企業の育成といった観点を盛り込むことができることなどから、近年ではこの方法を採用する自治体が増えてきています。

④　入札保証金

　一般競争入札、指名競争入札ともに、入札に参加する者が、落札時に契約を締結しない等の行為によって、自治体に損害を与えることを予防するため徴収するものです。

　この趣旨から、過去一定の期間内に同様の規模、内容の複数の契約を国や他の自治体と締結して、これを履行しているなど、自治体の規則で定める一定の条件を満たしている場合には、これを減免することができます。

⑤　予定価格と最低制限価格

　予定価格とは、発注者が事前に設定する落札上限価格で、これより高い入札額は無効となります。通常は予定価格以下で、一番低い価格で入札した者を落札者とします。しかし、あまりに安い金額で入札された場合に、契約内容が適切に履行されない恐れがあるときは、あらかじめ最低制限価格を設定し、それを下回った入札者は落札者としないことにしています。

⑥　総合評価落札方式

　入札は、価格だけを評価基準として、競争を行う方法です。しかし、価格以外にも、契約の目的となる業務の成否に影響が大きな事項がある場合等は、価格以外の事項も評価基準とする方法をとることができます。具体的には、価格、性能、技術力、環境への配慮等の評価すべき項目につい

て、事業者の提案内容を点数化して評価し、最も高得点を得た事業者を落札者とするといった方法がとられています。

　この方式は、コンピュータシステムの調達など、製品の使い勝手や性能が重視されるような場合や完成した構造物の安全性や災害時の対応等が問われる大規模な公共工事の場合等に行われています。

2 随意契約

　自治体が任意に契約の相手方を選択し、契約を締結する方法です。随意契約を行う際も、できるだけ競争性、公平性を担保するために、各自治体の契約規則等により、二者以上から見積書を徴収・比較し、より低額の者と契約することとされています。しかし、この手続は、入札の仕組みに則って行われているわけではないため、「見積合わせ」と呼ばれています。

　特に、一者のみを選択して契約することを、「一者随契」「特命随意契約」などと呼び、特にその必要性が高い場合のみに認められています。

　随意契約は、実務上の事務が簡略化され、迅速な契約ができること、実績や信用がある相手方を選べること等のメリットがあります。一方、特定の者に契約が偏る恐れがあること、入札に比べ契約金額が高くなる恐れがあること等がデメリットです。

　こうしたことから、随意契約を行うことができるのは、地方自治法施行令第167条の2第1項により、次のような場合に制限されています。

① 　売買、貸借等の契約で、予定価格が自治体の規則で定める額を下回っているとき

　　これは、件数の多い少額の契約事務を簡略にするためです。

② 　契約の性質又は目的が、競争入札に適していないとき

　　道路用地の購入など、相手方が決まっている場合や、特許等により、特定の者しか販売していないものを購入するとき等が、これに当たります。

③ 　障害者施設等の福祉施設やシルバー人材センターから物品等を調達するとき

④　自治体の長の認定を受けた新商品の開発等を行う者と契約するとき

⑤　緊急の事由で入札を行うことができないとき

　　災害対応等で入札の手続を行う暇がないとき等が該当します。

⑥　入札を行うことが不利な場合

　　入札手続をしていると、契約の時期を失してしまったり、価格変動により不利な状況になることが見込まれる場合や、現在契約中の業務に関連する業務で、契約中の業者が履行するほうが、価格や期間、安全性等が有利と見込まれる場合等です。②の理由と類似していますが、②はほかに契約すべき相手がいませんが、⑥は複数の相手方があり得る点が異なります。

⑦　時価に比して著しく有利な価格で契約できるとき

⑧　競争入札をしても、落札者がいないとき

　　落札者がいない場合は、再度入札を行うこともできますが、予定の日時に間に合わないなど、ほかに影響が出る場合等に行えます。

⑨　落札者が契約を締結しない場合

3 せり売り

　自治体が所有する動産を売却するときに行われる方法です。いわゆる競売で、最近はインターネット上で行われることもあります。

（3）契約の手続

　一般には、契約を行う際には、契約書の存在は絶対的なものではありません。しかし、自治体の行う契約は、公金を扱うものである等の理由から、各自治体の契約規則では、一定金額以上の契約では契約書の作成を義務付けています。その場合には、契約書の作成が契約の確定条件となります。

　また、契約の際には、契約の履行を確実にするため、契約保証金を徴収することとされています。ただし、その趣旨から、相手方が規則で定める一定の条件を満たしており、不履行の恐れがないと認められる場合には免

除されます。

　なお、一定の金額以下の契約では、規則で契約書は不要としていますが、ごく少額の場合を除き、契約したことを証するため、請書といわれる様式を相手方から徴収しています。

（4）複数年度にわたる契約（長期継続契約等）

　自治体の契約は、会計年度独立の原則により、基本的には、単年度ごとに契約をしなければなりません。その例外として、複数年の工期を必要とするような工事の請負契約等においては、債務負担行為を予算に定めておき、これに基づいて複数年度にわたる契約を行います。

　さらにその例外として、電力やガスの供給を受ける契約や、土地を借りる契約、パソコンやコピー機のリース等のように、複数年度にわたって継続する形で契約を行うことが普通であるものについては、債務負担行為として予算で定めることなく、複数年度にわたる契約を行うことが認められています。リース契約等については、具体的にどのような契約が該当するかは、条例で定めることとされています。

入札に一者しか応募してこなかったら？

　応札者が一者の時の対応は、一般競争入札と指名競争入札で異なります。一般競争入札は応募してきた者に決定しますが、指名競争入札では入札をやり直さなければなりません。

　一般競争入札の場合、誰でも応募できるにもかかわらず、一者しか応募してこなかったという状況を、その時点で既に競争が行われたとみなすことができるので、入札が成立します。

　これに対して、指名競争入札では、指名された業者以外にも、応札できる業者がいた可能性を排除できないため、競争が尽くされたとみることができないことから、再度の入札となります。

Ⅱ 「情報」の取扱いに関する制度

1 情報公開制度

（1）制度の沿革

　情報公開の分野においては、国に先行して、まず自治体で制度化が進みました。その後、地方の制度の運用を参考に、国が「行政機関の保有する情報の公開に関する法律」いわゆる情報公開法を制定したのは1999年のことです。国は制度化では地方よりもタイミングが遅れたものの、例えば、自治体の条例では「何らかの利害関係がある者」を請求権者としていたのに対し、法律では広く「何人も」としたり、また、対象となる公文書をいわゆる決裁済の文書ではなく、「組織共用文書」（職員が職務上作成又は取得した文書で、その行政機関の職員が組織的に用いるものとして、当該行政機関が保有しているもの）としたりするなど、情報公開により積極的な規定が見られました。そのため、法律制定後は、国の制度にならって情報公開条例の改正を図った自治体もあります。

　現在では、情報公開制度は、国・地方を通じた基本的な制度と位置付けられており、自治体の職員は積極的に対応していかねばなりません。

○　情報公開法と情報公開条例

　自治体の情報公開については、国の法律が直接適用されるのではなく、「法律の趣旨にのっとり、その保有する情報の公開に関し必要な施策を策定し、及びこれを実施するよう努めなければならない」（情報公開法第25条）と規定されています。そのため、市町村や都道府県における情報公開制度は、各自治体で定める条例に委ねられることとなります。

　現在では、全ての都道府県とほぼ全ての市町村で情報公開条例が制定されるに至っています。

（2）国の情報公開制度

　自治体の情報公開制度の内容に先立ち、ここではまず、国の情報公開法の手続の流れを見てみましょう。

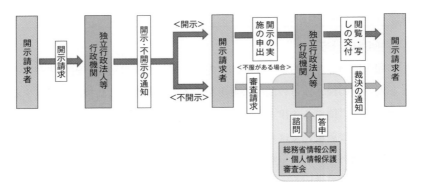

（出典：総務省パンフレット）

1 開示請求

　開示請求者は、開示請求書に必要な事項を記入して、行政機関等の窓口に提出します。その際、所定の手数料がかかります。

2 開示・不開示の検討

　請求があった場合には、開示するのが原則ですが、次のような情報は不開示となります。

① 個人に関する情報で、特定の個人を識別できるもの、行政機関等匿名加工情報等

② 法人等に関する情報で、公にすると、法人等の正当な利益を害するおそれがあるもの等

③ 公にすると、国の安全が害されるおそれ、他国との信頼関係が損なわれる等のおそれがある情報

④ 公にすると、犯罪の予防、捜査等の公共の安全と秩序の維持に支障を

及ぼすおそれがある情報

⑤　国等の審議、検討等に関する情報で、公にすると、率直な意見の交換
　が不当に損なわれる等のおそれがあるもの

⑥　国等の事務又は事業に関する情報で、公にすると、その適正な遂行に
　支障を及ぼすおそれがあるもの

　これらの不開示情報に該当するかどうかの判断が、実務上のポイントです。

　なお、開示するか否かについては、開示請求があってから30日以内に決定するのが原則です。ただし、事務処理上困難な場合には、期間を30日以内に限り延長することができます。また、開示請求のあった行政文書が膨大で、開示請求から60日以内に全ての文書の開示決定等を行うとすると、事務的に「著しい支障が生ずるおそれ」がある場合には、一部の行政文書について開示決定等を行った上で、残りの行政文書について、さらに延長できることになっています。

3 開示・不開示の通知

　通知されるパターンとしては、①全部開示、②部分開示（一部不開示）、③全部不開示、④存否応答拒否、⑤行政文書の不存在があります。不開示の場合（＝②〜⑤の場合）には、その理由も一緒に通知されることになります。

　なお、④存否応答拒否とは、請求のあった行政文書があるかどうかを明らかにするだけで、不開示情報を開示するのと同じこととなる場合に、行政文書の存否を明らかにしないで開示請求を拒否できることとするものです。例えば、病院の特定の診療科のカルテの存在を明らかにすることにより個人の病歴が明らかになってしまうケースとか、犯罪の内偵捜査に関する資料の存否が具体的なケースとして挙げられます。

4 開示の実施の申出（全部開示・部分開示の場合）

　開示請求者が開示決定の通知を受け取ったときは、閲覧、白黒コピー、カラーコピー、CD-R、DVD-R、オンラインの方法のうち、どのような方法で受け取りたいのか、30日以内に連絡します。なお、受け取るときには、その方法に応じて、一定の手数料が必要です。

5 審査請求（全部不開示・一部不開示の場合）

　不開示の決定等に不服があるときには、行政不服審査法に基づき、不服申立てを行うことができます。具体的には、不開示の決定等の通知書を受け取った日の翌日から起算して3か月以内に、不開示の決定等を行った行政機関の長あてに審査請求を行うことになります。

　審査請求を受けた行政機関の長は、情報公開・個人情報保護審査会へ諮問し、審査会から答申を受けた上で、審査請求に対する裁決を行います。

6 行政訴訟（全部不開示・一部不開示の場合）

　開示請求者は、行政事件訴訟法に基づき、不開示の通知を受け取った日から6か月以内に地方裁判所に訴訟を提起することもできます。審査請求に対する裁決に不満な場合のほか、審査請求を行わずに、直接、不開示の決定等についての訴訟を提起することも可能です。

（3）自治体の条例による情報公開制度

　自治体における情報公開制度は全国一律ではありません。多かれ少なかれ国の制度と類似していますが、一般的には次のような違いが見られます。

1 情報公開制度の目的

　情報公開法は、その目的を、「国民主権の理念にのっとり、（中略）行政機関の保有する情報の一層の公開を図り、もって政府の有するその諸活動

を国民に説明する責務が全うされるようにするとともに、国民の的確な理解と批判の下にある公正で民主的な行政の推進に資することを目的」と説明しています。

　これに対して、各自治体においては、情報公開法の国民主権の理念に相当する「住民自治」と、住民の「知る権利」の両方の要請に基づく制度として、情報公開制度をとらえる条例が多く見られます。

2 開示請求権者

　開示請求権者をどのように定めるのかは、各自治体の条例の規定の仕方の問題ですが、情報公開法が「何人も行政文書の開示を請求できる」としているのにならい、条例でも「何人も」と規定するケースが多くなっています。

　市町村の条例の中には、開示請求と一定の利害関係があることを求め、①域内在住者、②域内に事務所・事業所を有する個人・法人、③域内への通勤者・通学者、④その他具体的な利害関係を有するものと規定する例も見られます。

3 対象となる機関

　情報公開法の対象は、あくまでも行政機関であり、国会は対象とはなっていません。国会は衆議院・参議院のそれぞれが自らの決定により、独自の情報公開を行っています。これに対して、情報公開条例においては、議会も対象としている自治体が多くみられます。

4 不開示情報

　不開示情報の定め方についても、各自治体により異なりますが、情報公開法の不開示情報（（2）国の情報公開制度2（242頁）参照）と同趣旨の規定を置いているのが通例です。

　これらの不開示情報に加えて、条例独自の不開示情報として、「法律・

条例の規定や国の行政機関の指示等により、公にすることができないと認められる情報」といったものが、通常追加されています。

（4）制度運用上の課題

１ 総合的な情報公開の推進

　情報公開制度は、誰かが開示請求を行わなければ開示されず、また、開示請求者に対してのみ公開されるものです。また、開示されるのは、公文書そのものであり、住民にとって、必ずしも分かりやすい資料ではありません。

　このような実態を踏まえ、情報公開条例の中に開示請求制度とともに情報提供に努める旨の規定を置いて、積極的な情報提供を行っている自治体も見られます。例えば、住民にとって関心の深い公共事業の工事積算内訳書を、開示請求を待たず、積極的な情報提供により提供している自治体があります。

　積極的な情報提供では、公文書の単位にとらわれることなく、公文書に含まれる不開示情報を除外し、必要な情報のみに加工して提供することができます。それにより、住民にとっても、行政にとっても、説明の時間と費用と労力を省くことができるというメリットがあります。一方、情報提供は、開示決定等のように行政処分ではありませんので、団体側が加工して提供した情報の内容に不満があっても、不服申立て等を行うことはできません。いずれにしても、住民はどんな情報が知りたいのか、その情報を提供できるとしたらどんな方法が適切なのかということを常に意識して対応することが必要です。

２ いわゆる権利の濫用について

　例えば大量の開示請求が理由なく行われるケースや、開示文書を準備しても受け取りに来ないといったケースなど、情報公開制度を悪用する事案が頻発した場合、行政機関における業務の遂行に著しい支障が生じかねな

い事態が発生することになります。

　情報公開法には、開示請求が権利の濫用と認められる場合についての明文の規定はなく、権利の濫用と認められる場合かどうかについては、一般法理により判断されています。例えば総務省においては、「行政機関の事務を混乱又は停滞させることを目的とするなど開示請求権の本来の目的を著しく逸脱する開示請求は、権利の濫用」にあたり、開示しない旨を決定しています。

　一部の情報公開条例では、このような不都合を招かないようにするため、開示請求権の濫用に関する制限規定や、適正な開示請求を行わなければならないと開示請求者の責務に関して規定するなどの工夫がなされています。

2 個人情報保護制度

　社会の情報化が急速に進展したことにより、官民を問わず、個人情報の利用が拡大し、個人情報の取扱いに起因する個人の権利利益侵害の不安や懸念を払拭するための仕組みの確立が課題となっています。

　個人情報の保護制度は、情報セキュリティの確保とあいまって、社会の情報化に重要な基盤を提供するものです。

　今後、社会全体のデジタル化の推進が図られ、官民のデータ流通が増大することが予想されることから、これらデータの利活用を目的として従来の個人情報保護制度が大幅に見直され、整理されたところです。

（1）個人情報と個人情報保護制度

1 個人情報の意義

　個人情報とは、生存する個人に関する情報であって、氏名や生年月日等により、その情報の本人が誰であるかを特定できる情報のことです。免許証番号やマイナンバーなどその情報だけで個人を識別できる「個人識別符号」も個人情報にあたります。

2 個人情報保護制度とは

　個人情報保護制度とは、個人情報の有用性に配慮しながら個人の権利利益を保護していくために、民間の会社や行政機関等における個人情報の適正な取扱いのルールを定めたものです。

　従来は、「個人情報の保護に関する法律」（以下、「個人情報保護法」といいます。）を根底にして、国等については「行政機関の保有する個人情報の保護に関する法律」と「独立行政法人等の保有する個人情報の保護に関する法律」によって、また自治体については各団体の条例によって、個人情報の保護が図られてきました。

　しかし、各自治体の条例に委ねられた結果、全国の自治体の数だけ個人

情報保護に関するルールや解釈が異なる事態が発生し、デジタル社会におけるデータの流通や活用の支障となりかねないと懸念されていました。例えば医療分野では、感染症への対応にあたって、国立、公立、民間病院で適用される規律が異なることからデータのやり取りに時間がかかったり、防災分野では災害発生時における安否確認に際して、自治体間で必要な個人情報の共有や公表に支障が生じているとの指摘がありました。

　そこで、デジタル社会の形成に関する施策を実施する前提として、①個

図　個人情報保護法の改正

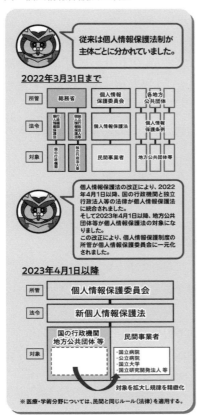
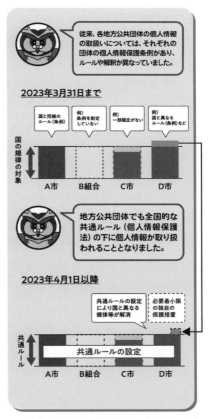

（出典：個人情報保護委員会パンフレット）

人情報保護制度についての法律を個人情報保護法に統合するとともに、自治体の個人情報保護制度についても統合後の個人情報保護法で全国的な共通ルールを規定し、全体の所管を個人情報保護委員会に一元化、②医療分野、学術分野における官民の規制の統一、③個人情報の定義の統一などを内容とする法律改正が令和3年になされました。今般の法改正の趣旨が、個人情報を保護しつつ、情報活用に大きく軸足を移していることもポイントです。

（2）個人情報保護制度の概要

1 個人情報の取扱いルール

　個人情報保護法における「行政機関等」とは、①国の行政機関、②独立行政法人等（国立大学法人等を除く）、③地方公共団体の機関（議会を除く）、④地方独立行政法人（試験研究機関、大学、病院等を除く）を指します。

　これらの行政機関等が守るべき個人情報の取扱いルールとしては、次のようなものがあります。

① 　保有・取得に関するルール

・法令・条例の定めに従い、適法に行う事務又は業務を遂行するために必要な場合に限り保有する。
・利用目的について、具体的かつ個別的に特定する。
・利用目的の達成に必要な範囲を超えて、保有できない。
・直接書面に記録された個人情報を取得するときは、原則として、本人に利用目的をあらかじめ明示する。
・偽りその他不正の手段により個人情報を取得しない。
・違法又は不当な行為を助長し、又は誘発するおそれがある方法により利用しない。
・苦情等に適切・迅速に対応する。

② 　保管・管理に関するルール

・過去又は現在の事実と合致するように努める。

・漏えい等が生じないよう、安全に管理する。

・従業者・委託先にも安全管理を徹底する。

・漏えい等が生じたときには、個人情報保護委員会に対して報告を行うとともに、本人への通知を行う。

③ 利用・提供に関するルール

・利用目的以外の目的のために自ら利用・提供してはならない。

・外国の第三者に提供する場合は、あらかじめ本人から同意を得る。

④ 開示請求等への対応に関するルール

・本人から開示請求等があった場合はこれに対応する。

⑤ 通知・公表等に関するルール

・保有している個人情報ファイルのあらましを記載した「個人情報ファイル簿」を作成し、事務所に備えて置くとともに、インターネット等で公表する。

2 個人情報開示請求の流れ

開示請求制度は、自分に関する個人情報を保有している行政機関等に、「私の個人情報を確認させてほしい」ということを本人が請求する仕組みです。

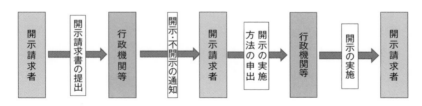

（出典：総務省パンフレット）

① 開示請求

開示請求者は、開示請求書に必要な事項を記入して、個人情報を保有する行政機関等の窓口に提出します。

② 開示・不開示の検討

　請求があった場合には、開示が原則ですが、請求があった対象の中に開示できない情報が含まれていないかを審査します。不開示情報としては、情報公開法の不開示情報とほぼ同様のものですが、個人情報保護制度独自のものとして、「開示請求者の生命、健康、生活又は財産を害するおそれがある情報」が追加されています。これは、例えば不治の病に関する情報であって、本人がそれを知ることにより、精神的にダメージを受け、健康が悪化するおそれがあるような場合です。

　開示・不開示については、行政機関等は30日以内に決定するのが原則ですが、情報公開制度と同様に、期間の延長が認められています。

○　個人情報の開示請求（個人情報保護制度）と行政文書の開示請求（情報公開制度）との比較

　情報公開制度の目的は、国民・住民に対する説明責任を果たすことであるのに対し、個人情報保護制度の目的は、個人の権利・利益の保護にあります。

　情報公開制度では、基本的に何人も行政文書の開示を請求でき、誰が請求を行っても同じ決定（開示又は不開示）が行われるという仕組みが採られています。これに対し、個人情報保護制度では本人からの請求に基づき個人情報をその本人に対して開示するという仕組みが採られています。したがって、開示請求者が本人であるか否かを確認する本人確認が欠かせません。

　また、情報公開制度における開示請求の対象は「行政文書」であるのに対し、個人情報保護制度における開示請求の対象は、行政文書に記録された「保有個人情報」です。

　両制度の不開示情報の類型は、基本的に同じですが、違いは、情報公開制度では、それらの情報を「公にする」こと、つまり、不特定多数の人に周知できるような状態に置くことによる支障の有無を判断するのに

対し、個人情報保護制度は、本人に「開示する」ことによる支障の有無を判断することになる点です。

　例えば、個人情報が含まれる「行政文書」について、当該個人情報の本人が情報公開制度による開示請求を行ったとしても、当該個人情報の部分は不開示となります。これに対して、「行政文書」に含まれる保有「個人情報」について個人情報保護制度による開示請求を本人が行い、「開示する」ことによる支障が本人に認められなければ、当該保有「個人情報」の開示を受けることはできます。

表　個人情報保護制度と情報公開法の開示請求権制度の主な違い

開示請求者	個人情報保護制度では、自己を本人とする保有個人情報の開示を請求することができる。このため、開示請求者が本人であることの確認を要する。 情報公開制度では、何人も行政文書の開示を請求することができる。開示請求者が誰であるかを問わないため、開示請求者が本人であることの確認を要しない。
開示請求の対象	個人情報保護制度における開示請求の対象は、行政文書に記録された「保有個人情報」。 情報公開制度における開示請求の対象は、「行政文書」。
不開示情報	両制度の開示請求権制度における不開示情報の類型は、基本的に同じ。 個人情報保護制度では、本人に開示することによる支障の有無を判断するのに対し、情報公開制度では、公にすることによる支障の有無を判断する。

（出典：総務省資料から抜粋）

③　開示・不開示の通知

　通知は、情報公開制度の場合と同様に、全部開示、部分開示、全部不開示、存否応答拒否、保有個人情報の不存在の5パターンです。

④　開示の実施の申出（開示・部分開示）

　開示請求者は、開示の決定通知が届いたら、30日以内にどのような方法で開示を受けるのかを連絡しなければなりません。受け取るときには、その方法に応じて、一定の手数料が必要です。

3 訂正請求と利用停止請求の流れ

① 　訂正請求制度

　開示請求者は、開示を受けた個人情報の内容が事実でないと思ったとき
は、訂正を請求することができます。具体的には、開示を受けた日から90
日以内に、開示した行政機関の長等に対して訂正請求書を提出して行いま
す。

② 　利用停止請求制度

　同様に、開示を受けた個人情報について、不適法な取得や利用又は提供
が行われていると思ったときは、開示請求者は利用停止（消去、利用・提
供の停止）を請求できます。具体的には、訂正の場合と同様に、開示を受
けた日から90日以内に、開示した行政機関の長等に対して利用停止請求書
を提出することになります。

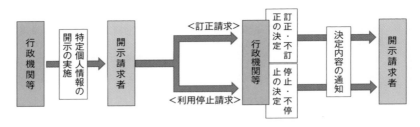

（出典：総務省パンフレット）

　なお、自治体によっては、条例で、開示請求を行わなくても、訂正請求
や利用停止請求を行うことを認めている場合があります。

4 審査請求及び行政訴訟（不開示等の場合）

　開示請求者は、開示請求・訂正請求・利用停止請求に対して行政機関等
が行った決定に納得がいかない場合には、情報公開制度による不開示の場
合と同様に、行政不服審査法に基づく審査請求及び行政事件訴訟法に基づ
く行政訴訟を行うことができます。

5 行政機関等匿名加工情報制度

　皆さんもビッグデータという言葉を聞いたことがあると思います。

　例えば、新型コロナウイルス感染症が蔓延していた時、感染拡大の防止に役立てるため、携帯電話の位置情報を使って、人が密集している場所や時間帯などの報道がなされました。これは、個人の携帯電話のデータを大量に集めて処理することで得られる情報が社会的に有用なものになることを実証しています。

　こうした大量の個人データを活用するメリットが社会的にも認識されたことが、個人情報保護法の改正の大きな理由の１つです。

　しかし、その一方で個人情報の保護はしっかりとなされなければなりません。

　そのために導入されたものが、匿名加工情報制度です。

　この匿名加工情報とは、どのようなものなのでしょうか。

　例えば、医療機関が持っている個人の治療に関する情報は、その活用により医療制度の改善や、治療方法の効果測定など、医療の発展のために有用と考えられます。そこで、一人ひとりの情報から、氏名、住所、生年月日などの個人が特定されうる項目を削除し、病歴や投薬歴などの情報だけを残したものが匿名加工情報となります。

　匿名加工情報の作成の際は、単に氏名等を削除するだけではなく、複数の情報を突合することで、もとの個人情報を復元できる可能性がある情報も削除しなければなりません。

　それは、匿名加工情報は、１つの機関が複数作成できるためです。例えば、匿名個人情報を作成する機関内でのデータ整理のために個人に番号を附番することはよくあります。しかし、作成された匿名加工情報にこの番号が残っていると、同じ機関が作成した複数の情報をその番号で突合して、個人の特定が可能となる情報を復元できる可能性があります。そこで、作成の際には、こうした可能性がある情報も削除することとされています。

　こうした匿名加工情報のうち、行政機関が保有する情報を加工したものを、行政機関等匿名加工情報といいます。

　新たな個人情報保護制度では、データを活用したい企業等が、国や自治体等に提案を行い、行政機関等匿名加工情報の提供を受けられる仕組みが構築されました。その際には、使用目的などを審査したうえで、制度の趣旨に沿っており、安全に情報の利活用ができると判断される場合のみ、情報が提供されることとされています。

　なお、この制度を実際に運用するかどうかは、都道府県と政令指定都市以外の自治体では、任意とされています。

《企画及び執筆関係者一覧》

1　市町村職員研修教材開発委員 （肩書は、令和 5 年11月現在）

宇那木 正寛　鹿児島大学学術研究院法文教育学域教育学系教授

栗原　　ゆり　さいたま市緑区区民生活部参事・総務課長事務取扱、元市町村アカデミー教授

中馬　　秀文　鹿児島市産業局長

水谷　　朋之　消防団員等公務災害補償等共済基金事務局長・元市町村アカデミー研修部長兼調査研究部長

（掲載は50音順）

2　執筆者 （肩書は、令和 5 年11月現在）

第 1 章　　西山　　雅文 （長野市総務部職員研修所長、元市町村アカデミー教授）

第 2 章　　栗原　ゆり

第 3 章（Ⅱ 2 以外）・第 5 章Ⅰ・第 6 章Ⅰ
　　　　　　榎本　　好二 （相模原市市民局長、元市町村アカデミー教授）

第 3 章Ⅱ 2 ・第 6 章Ⅱ
　　　　　　水谷　　朋之

第 4 章　　安部　　浩成 （千葉市総務局情報経営部長、元市町村アカデミー教授）

第 5 章Ⅱ　神原　　徹 （指定都市職員、元市町村アカデミー教授）

コラム（114頁）
　　　　　　宇那木正寛

コラム（153頁）
　　　　　　前川さゆり （令和2年5月現在：堺市職員、自治体学会副理事長、元市町村アカデミー教授）

　以上の方々のほか、本書刊行にあたって、総務省の谷史郎氏、地方税共同機構の川窪俊広氏、個人情報保護委員会事務局の青山忠幸氏、広島市の山越重範氏、全国市町村研修財団の江村興治氏の皆様（肩書は、令和 2 年 5 月現在）には、記述内容について大いに御示唆をいただきました。ここに改めて感謝申し上げます。

市町村職員研修
いちからわかる！　地方公務員　仕事のきほん　改訂版

令和 6 年 2 月15日　第 1 刷発行
令和 6 年 4 月15日　第 2 刷発行

　　　　　編　集　市町村職員研修教材開発委員会
　　　　　発　行　株式会社ぎょうせい
　　　　　〒136−8575　東京都江東区新木場 1 −18−11
　　　　　URL：https://gyosei.jp

　　　　　フリーコール　0120−953−431
　　　　　ぎょうせい　お問い合わせ　検索　https://gyosei.jp/inquiry/

〈検印省略〉

印刷　ぎょうせいデジタル株式会社　　　　　　　　　　Ⓒ2024 Printed in Japan
※乱丁・落丁本はお取り替えいたします。
　　　　　　　　ISBN978-4-324-11360-8
　　　　　　　　　（5108918-00-000）
　　　　　　〔略号：いちから公務員(改訂)〕